幼儿园教师全员培训教材
幼儿园园长教师岗位研修丛书
丛书主编　关松林
丛书副主编　线亚威

# 幼儿园活动区课程实施指南
You'eryuan Huodongqu Kecheng Shishi Zhinan

主　编　线亚威　李云翔
副主编　罗英智　陈玉敏　秦旭芳

高等教育出版社·北京
HIGHER EDUCATION PRESS　BEIJING

## 内容提要

本书以图文并茂的形式,生动系统地诠释了幼儿园活动区教育的基本理论与实践操作。通过相关理论介绍、操作方案举例,以及观察评价工具包、活动区装备、教育实践图片等丰富多样的形式呈现,将幼儿园活动区及专项工作室的设置与指导方案进行了全面的展示与介绍。本书实现了理论引领与实践操作的有机结合,对一线幼教工作者充分认识幼儿园活动区教育的理念、指导幼儿园活动区教育实践具有宝贵的借鉴价值。

适合作为幼儿园教师及园长培训教材,也适合学前教育相关教研人员阅读参考。

## 图书在版编目(CIP)数据

幼儿园活动区课程实施指南/线亚威,李云翔主编. —北京:高等教育出版社,2011.8(2012.12重印)

ISBN 978-7-04-033438-8

Ⅰ. ①幼… Ⅱ. ①线…②李… Ⅲ. ①活动课程-学前教育-教学参考资料 Ⅳ. ①G613

中国版本图书馆 CIP 数据核字(2011)第 153179 号

| 策划编辑 | 王文颖 | 责任编辑 | 王文颖 | 封面设计 | 于文燕 | 版式设计 | 范晓红 |
| --- | --- | --- | --- | --- | --- | --- | --- |
| 插图绘制 | 杜晓丹 | 责任校对 | 殷 然 | 责任印制 | 刘思涵 | | |

| 出版发行 | 高等教育出版社 | 咨询电话 | 400-810-0598 |
| --- | --- | --- | --- |
| 社 址 | 北京市西城区德外大街4号 | 网 址 | http://www.hep.edu.cn |
| 邮政编码 | 100120 | | http://www.hep.com.cn |
| 印 刷 | 山东鸿杰印务集团有限公司 | 网上订购 | http://www.landraco.com |
| | | | http://www.landraco.com.cn |
| 开 本 | 787mm×960mm 1/16 | 版 次 | 2011年8月第1版 |
| 印 张 | 14.5 | 印 次 | 2012年12月第4次印刷 |
| 字 数 | 270千字 | | |
| 购书热线 | 010-58581118 | 定 价 | 30.00元 |

本书如有缺页、倒页、脱页等质量问题,请到所购图书销售部门联系调换
版权所有 侵权必究
物 料 号 33438-00

作　者　线亚威　李云翔　罗英智　陈玉敏　刘昌涛　姜晓艳　冯　岩
　　　　王　梅　尹晓云　潘义红　韩晓荷　王海鹰　徐翠华　秦旭芳
　　　　赵翠英　杨　桦　刘晓娟　马秀娟　李　娜　江　莉　李海雁
　　　　张艳辉　巍妍昉　安丽微　曲　华　刘　兵　张凤艳　张素梅
　　　　贾洪扬　于立岢　吴静然　郭红伟　徐　坤　王　昱　曹明霞
　　　　葛　莉　杨　昐　王英华　冯　丹　王晓琳　黄光翔　董秋雯
　　　　韩忠梅　刘　华　赵菲菲　李　欣

# 序

当前，学前教育受到了党和国家的高度重视，从中央到地方，各项政策和法规陆续出台，学前教育事业迎来了前所未有的发展机遇。

在2010年7月召开的新世纪以来的第一次全国教育工作会议上，党中央、国务院颁布了《国家中长期教育改革和发展规划纲要（2010—2020年）》，对新时期推动我们国家的教育事业科学发展进行了战略性的部署，描绘了未来教育改革与发展的宏伟蓝图，为未来10年教育改革与发展指明了方向，开启了我国从教育大国迈向教育强国、从人力资源大国迈向人力资源强国的新的历史征程。其中学前教育备受重视，已被列为未来10年我国教育事业发展的重要任务之一，表明了国家对发展学前教育的决心和信心。

2010年11月3日，国务院总理温家宝主持召开了国务院常务会议，专题研究了学前教育工作，部署了当前发展学前教育的具体政策措施。同年11月21日，国家下发了《国务院关于当前发展学前教育的若干意见》（国发[2010]41号），提出了发展学前教育、着力解决"入园难"问题、满足适龄儿童入园需求、促进学前教育事业科学发展的10条意见（简称国十条或若干意见），其中明确提出了要加快建设一支"师德高尚、热爱儿童、业务精良、结构合理"的幼儿园教师队伍的具体意见，并提出了要完善学前教育师资培训培养体系，加大面向农村的幼儿园教师培养力度，创新培训模式，三年内对1万名幼儿园园长和骨干教师进行国家级培训，各地在五年内要对幼儿园园长和教师进行一轮全员专业培训等具体规划。

然而，在我国基础教育体系中，学前教育仍是薄弱环节。幼儿园教师的整体水平和专业化程度还不高，距离国家对学前教育发展的要求还相差很远。因此，促进学前教育教师队伍整体素质的提升，推进学前教育教师专业水平的不断提高，已经成为国家及社会的迫切要求。

在"十二五"幼儿园教师继续教育工作的开局之年，我们对幼儿园教师的需求进行了详细的调查研究，结果表明：教师、园长最需要的是岗位必备的、常规工作的专业知识，其中，幼儿园教师的岗位职责、班级管理及幼儿常规培养、幼儿园安全教育、幼儿园家长工作、幼儿心理发展与教育及国家有关政策法规等受到关注。因此，我们本着实事求是、需求第一的原则，组织了具有丰富实践经验的学前教育专家、特级教师、一线优秀幼儿园教师、名园长及高校教师、教科研人员编写了《幼儿园园长教师岗位必读手册》（6分册）、《幼儿园主题教育活动精品案例纪实》、《幼儿园活动区课程实施指南》及《幼儿园文化建设指导策略》等《幼儿园园长教师岗位研修丛书》，供"十二五"幼儿园教师、园长培训使用。

《幼儿园园长教师岗位必读手册》（6分册）包括《幼儿园教师岗位要求及基本职责》、《幼儿园班级管理及幼儿常规培养》、《幼儿园安全教育手册》、《幼儿园家长工作手册》、《幼儿心理发展与教育》和《学前教育相关政策与法规问答》。主要阐述了幼儿园教师的岗位特点、幼儿园教师的职业道德、幼儿园教师的专业能力、幼儿园教师的人文科学常识；幼儿园班级管理及常规培养中涉及的主要问题及班级工作流程，包括每一项工作怎么做和做什么，给教师提供基本的工作规范；幼儿日常生活中的安全教育及管理，幼儿学习、游戏、户外大型活动的安全组织，幼儿园食品卫生安全，幼儿园环境设施的安全保证，幼儿园安全防卫工作、幼儿意外伤害事故的预防与处理以及幼儿、教师心理安全的维护等；如何让家长了解幼儿园的课程、活动，帮助家长解决教育中常遇到的难题，使家长走出教育孩子的误区等；幼儿生理和心理的发展特点、注意事项；应知应会的学前教育相关政策和法规。这6分册具有鲜明的特色，较强的实用性与可读性。首先，不采用理论教材编写的方式组织内容，而采取了符合一般阅读习惯的问答方式。我们经过调研，把幼儿园教师日常工作中遇到的一些困惑和问题集中分类整理，以问题的形式编写，通过问题引领教师进行思考，帮助教师积累相关专业经验及工作方法。从问题出发，符合幼儿园教师的工作特点，也克服了没有集中时间阅读的矛盾。其次，我们把这6分册做成"口袋书"，便于携带，便于阅读，也是幼儿园教师喜欢的形式。

《幼儿园主题教育活动精品案例纪实》主要是为了交流和展示幼儿园教师组织和实施幼儿园主题教育活动的能力和水平，总结幼儿园主题教育活动开展过程中的问题与经验。通过展现开展主题教育活动的过程，阐明主题教育活动的理论与实践问题。我们试图通过这本书，让教师在案例实践过程中体验、感悟幼儿园主题教育的思想和活动设计原理，更好地把握《幼儿园教育指导纲要（试行）》中所倡导的整合教育理念，引领教师对幼儿园主题教育教学课程模式的实践和探索，通过主题教育活动精品案例，为教师的专业成长提供支持，以提高幼儿园主题教育活动的成效，为广大教师提供良好的探索和实践主题教育活动的平台。

《幼儿园活动区课程实施指南》是以《幼儿园教育指导纲要（试行）》倡导的幼儿园课程与教育理念为指引，体现了活动区课程理念与实践的紧密结合，也体现了《幼儿园教育指导纲要（试行）》所倡导的幼儿园课程方向，主要包括幼儿园活动区课程概述、活动区课程价值取向、功能和种类、活动区设置及活动的指导与评价、活动区课程的实施、活动区课程资源介绍等。重点突出了幼儿园环境课程化、环境在促进幼儿主动探究学习过程中的作用，通过建立与幼儿学习直接联系的活动区域，改变幼儿被动学习、教师统一教授的单一教学模式，使幼儿园的课程观念和教育实践更加顺应幼儿的活动特点和发展规律，使幼儿园的教育更加具有幼儿教育的特点，并真正开启早期多元潜能的开发，为儿童终身发展奠定可持续发展的基础。

《幼儿园文化建设指导策略》是在积极探索幼儿园文化建设的基础上，从丰富的实践经验中汲取营养、形成的学习研究成果。本书以案例的形式，将抽象的文化建设理念，物化为一个个直观形象、生动具体的案例，通过大量典型案例的描述与解读，对幼儿园精神文化、物质文化、制度文化建设进行了全面的展示与介绍，既有理论层面的说明与引领，又有实践层面的操作性与借鉴性。便于一线幼教工作者充分认识幼儿园文化建设的重要性并用于指导实践。

从幼儿园教师继续教育教材建设的角度思考，我们的出发点始终是把幼儿园教师的需要放在第一位，引领新入职的幼儿园教师入门，为成长中的幼儿园教师提供有效的帮助，总结提升并传递成熟期幼儿园教师的经验和做法。

本套丛书具有较强的专业性。丛书的编写者都是从事幼儿教育工作的专家、学者，有高师院校学前教育专业的教授、硕士研究生导师，有从事幼儿教育研究的研究员，还有从事幼儿教育教学研究的专家、特级教师，最主要的还有来自一线幼儿园的园长、主任和优秀教师。

因此，为使这套《幼儿园园长教师岗位研修丛书》发挥更大的作用，我们提出如下建议：进行幼儿园教师全员培训，可以使用《幼儿园园长教师岗位必读手册》(6分册)和《幼儿园主题教育活动精品案例纪实》，应做到人手一册，并作为考核的主要内容；开展各级幼儿园骨干教师培训，在全员培训基础上，应增加《幼儿园活动区课程实施指南》，并作为幼儿园骨干教师培训的主要内容；在对幼儿园园长进行培训时应增加《幼儿园文化建设指导策略》，并作为培训的重要内容。以上内容均应列为幼儿园教师、园长继续教育的考核范围。

本套《幼儿园园长教师岗位研修丛书》中，《幼儿园园长教师岗位必读手册》(6分册)考虑到教师的实际需要，我们设计了灵秀的小开本，便于教师随身携带和阅读。《幼儿园主题教育活动精品案例纪实》、《幼儿园活动区课程实施指南》和《幼儿园文化建设指导策略》，是我们为幼儿园教师设计的具有较强的实用性和操作性的培训教材，也是幼儿园教师、园长在工作中非常需要的内容。我们希望这套丛书既是幼儿园教师专业成长过程中的"伙伴"，也是幼儿园教师成长过程中的"影子老师"，更是具有保存价值的"工具"，可以长期反复使用。

最后，我们想告诉每一位幼儿园教师：教育有法而无定法，我们无法将您遇到的所有问题的解决方法都呈现出来，因为每一个教师、孩子、家长都是独特的，无论多么好的教育方法，不可能对每一个人都适用。我们给您的只是一粒小小的种子，希望用您的教育智慧，使这粒小小的种子发芽、开花、结果。

我们坚信并期待，学前教育的春天来了，充满活力与生机的学前教育一定是教育大百花园里那朵绚丽多彩的鲜花！

丛书主编：沈阳师范大学副校长、教授、博士
辽宁省基础教育教研培训中心主任
关松林
2011年7月

# 前 言

好玩是幼儿的天性，游戏是幼儿园教育的基本活动，幼儿是在与周围环境及材料的互动中不断学习和发展的。创设丰富、适宜的教育环境、给不同年龄阶段幼儿提供支持性的游戏材料，可以充分满足幼儿探究与游戏的需要，促使教师真正成为幼儿活动的支持者、合作者和引导者，有效提升幼儿园的教育质量。

目前，在幼儿园的教育实践中，教育形式单一、教育资源贫乏、幼儿游戏与探索不足、"小学化"倾向等问题仍然较为普遍，幼儿园园长及教师的培训与指导工作任重而道远。基于此，我们于"十一五"期间进行了"幼儿园活动区课程的建构"研究，此课题目前取得了较为理想的理论研究及实践研究成果，引领了一批实验地区与实验幼儿园率先克服了小学化的倾向，创设了丰富科学的活动区及教育资源，引导幼儿在与环境材料的互动过程中自主探索、操作、学习与游戏。同时，也帮助教师学会了在活动中观察评价幼儿的发展，并运用各种材料等隐性的教育策略，支持诱发幼儿的主动探索，学会了以平等的身份与幼儿合作交流、共同游戏，学会将教育目标、内容与活动区环境的创设紧密结合，建立与幼儿操作、探索游戏紧密结合的教育环境，真正实现寓教育于幼儿的一日生活之中，充分满足幼儿游戏探索的欲望。

为了及时总结、提炼与推广课题研究成果，我们依托实验基地与实验园所，吸纳了具有丰富幼儿教育研究与实践经验的优秀教科研人员、骨干园长和教师对课题研究成果进行了总结与梳理，编写了《幼儿园活动区课程实施指南》，供幼儿园园长、教师培训使用。

本书共分五个部分：幼儿园活动区课程概述，幼儿园活动区课程的价值、功能和种类，幼儿园活动区的设置及活动的指导与评价，幼儿园活动区课程的实施，幼儿园专项工作室的设置与指导方案等。每个部分都以图文并茂的形式，生动系统地诠释了幼儿园活动区课程的基本理论与实践操作，并通过相关理论介绍、操作方案举例、观察评价工具包、活动区配备、教育实践纪实等丰富多样的形式,将幼儿园活动区及专项工作室的设置与指导方案进行了全面的展示与介绍。本书实现了理论引领与实践操作的完美结合,对一线幼教工作者充分认识幼儿园活动区课程的理论、指导幼儿园活动区活动实践具有良好的借鉴作用。

编　者

2011 年 7 月

# 目 录

### 第一部分 幼儿园活动区课程概述

一、幼儿园活动区课程的背景 ……………………………………………… 2
　（一）国外学前教育课程发展历程 ……………………………………… 2
　（二）我国活动区教育的历史沿革 ……………………………………… 5
　（三）幼儿园活动区教育的现状与发展愿景 …………………………… 8
二、幼儿园活动区课程的内涵及要素 ……………………………………… 9
　（一）对幼儿园课程的认识 ……………………………………………… 9
　（二）幼儿园活动区课程的内涵 ………………………………………… 10
　（三）幼儿园活动区课程的结构特点 …………………………………… 13
三、幼儿园活动区课程的理论基础 ………………………………………… 18
　（一）皮亚杰的认知发展理论与活动区课程 …………………………… 18
　（二）建构主义理论与活动区课程 ……………………………………… 20
　（三）多元智能教育理论与活动区课程 ………………………………… 23
　（四）蒙台梭利教育理论与活动区课程 ………………………………… 25
　（五）瑞吉欧项目教学理论与活动区课程 ……………………………… 27
　（六）最近发展区理论与活动区课程 …………………………………… 30

### 第二部分 幼儿园活动区课程的价值、功能和种类

一、幼儿园活动区课程的价值取向 ………………………………………… 34
　（一）关注差异，以幼儿发展为本 ……………………………………… 34
　（二）塑造完整幼儿，实施全人格教育 ………………………………… 34
　（三）发展幼儿主体性，实施主体性教育 ……………………………… 35
　（四）以课程为载体，实现课程的整合与共生 ………………………… 36
二、幼儿园活动区课程的功能 ……………………………………………… 37
　（一）为幼儿创设互动的学习环境 ……………………………………… 37
　（二）为幼儿提供个别化的学习机会 …………………………………… 38

  （三）为幼儿提供静态和动态相平衡的课程 ……………… 39
**三、幼儿园活动区的种类及区域特点** ……………………………… 40
  （一）幼儿园活动区的种类 ……………………………………… 40
  （二）幼儿园不同活动区的具体特点 …………………………… 40

## 第三部分　幼儿园活动区的设置及活动的指导与评价

**一、活动区的设置** ……………………………………………………… 48
  （一）活动区设置的基本理念 …………………………………… 48
  （二）活动区设置的原则 ………………………………………… 48
  （三）活动区空间的安排与利用 ………………………………… 50
**二、活动区教育计划的制订** …………………………………………… 57
  （一）学期计划 …………………………………………………… 57
  （二）月计划 ……………………………………………………… 58
  （三）周计划 ……………………………………………………… 59
**三、活动区材料的提供** ………………………………………………… 60
  （一）活动区材料的开发 ………………………………………… 60
  （二）活动区材料的运用 ………………………………………… 63
**四、活动区活动指导** …………………………………………………… 66
  （一）活动区活动指导的原则 …………………………………… 66
  （二）活动区活动指导的策略 …………………………………… 68
**五、活动区活动的观察与评价** ………………………………………… 70
  （一）活动区活动的观察 ………………………………………… 71
  （二）活动区活动的评价 ………………………………………… 73
  （三）活动区活动评价工具包参考 ……………………………… 75

## 第四部分　幼儿园活动区课程的实施

**一、小班（3—4岁）活动区课程指导方案** …………………………… 86
  （一）小班角色区 ………………………………………………… 86
  （二）小班语言区 ………………………………………………… 90
  （三）小班美工区 ………………………………………………… 92
  （四）小班操作区 ………………………………………………… 96
  （五）小班建构区 ………………………………………………… 100

（六）小班表演区 …………………………………… 103
二、中班(4—5岁)活动区课程指导方案 ………………… 106
　　（一）中班角色区 …………………………………… 106
　　（二）中班语言区 …………………………………… 109
　　（三）中班科学区 …………………………………… 113
　　（四）中班美工区 …………………………………… 118
　　（五）中班益智区 …………………………………… 123
　　（六）中班建构区 …………………………………… 127
　　（七）中班表演区 …………………………………… 130
三、大班(5—6岁)活动区课程指导方案 ………………… 134
　　（一）大班角色区 …………………………………… 134
　　（二）大班语言区 …………………………………… 137
　　（三）大班科学区 …………………………………… 140
　　（四）大班数学区 …………………………………… 145
　　（五）大班美工区 …………………………………… 148
　　（六）大班益智区 …………………………………… 151
　　（七）大班建构区 …………………………………… 155
　　（八）大班表演区 …………………………………… 158

## 第五部分　幼儿园专项工作室的设置与指导方案

一、美术创意室 …………………………………………… 164
　　（一）美术创意室的创设价值 ……………………… 164
　　（二）营造美术活动的工作环境 …………………… 165
　　（三）体验多种美术创作形式 ……………………… 166
　　（四）美术创意室活动要注意的问题 ……………… 174
　　（五）美术创意室配备参考 ………………………… 175
二、生活实践室 …………………………………………… 179
　　（一）生活实践室的设置 …………………………… 180
　　（二）生活实践室活动的内容与形式 ……………… 181
　　（三）生活实践室活动要注意的问题 ……………… 182
　　（四）生活实践室配备参考 ………………………… 183

## 三、科学探究室 ········································· 186
  （一）科学探究室的创设价值 ······················· 186
  （二）创设科学探究室要注意的问题 ··············· 186
  （三）科学探究室的设置与材料提供 ··············· 187
  （四）科学探究室的组织与管理 ····················· 188
  （五）科学探究室活动的要求与指导要点 ·········· 188
  （六）科学探究室活动的评价 ······················· 190
  （七）科学探究室配备参考 ·························· 190

## 四、社会体验室 ········································· 193
  （一）社会体验室的创设价值 ······················· 193
  （二）社会体验室的基本设施 ······················· 194
  （三）创设多样性的社会体验空间 ·················· 195
  （四）社会体验室活动的要求与指导要点 ·········· 196
  （五）社会体验室配备参考 ·························· 198

## 五、图书阅读室 ········································· 201
  （一）图书阅读室的创设价值 ······················· 201
  （二）图书阅读室的创设条件 ······················· 202
  （三）让幼儿体验自主阅读的快乐 ·················· 204
  （四）图书阅读室配备参考 ·························· 207

## 六、建构游戏室 ········································· 210
  （一）建构游戏室的创设价值 ······················· 210
  （二）建构游戏室的基本设施 ······················· 211
  （三）创设多层次的建构游戏空间 ·················· 211
  （四）建构游戏室活动的要求与指导要点 ·········· 212
  （五）建构游戏室配备参考 ·························· 214

# 一、幼儿园活动区课程的背景

关于幼儿园活动区课程的理论与实践研究是幼儿园课程发展的必然,因此,把握幼儿园活动区课程的发展进程首先要追溯学前教育课程的改革与发展历程。而研究学前教育课程发展的动态与趋势,一方面需要根植于本民族的丰厚土壤,立足国情,充分研究和继承我国教育史上宝贵的学前教育课程的理论与思想;另一方面,也需要我们放眼世界,努力从世界各国丰富的学前课程理论与思想宝库中汲取营养。只有这样,我国的学前教育课程才既具有民族性,又具有国际性。

## (一)国外学前教育课程发展历程

国外学前教育课程理论和思想的发展,如果从1837年幼儿园之父福禄贝尔创办第一所幼儿园开始算起,只有170多年的历史。但实际上,学前教育的理论和思想,早在17世纪就产生了。因此,早期夸美纽斯、卢梭、裴斯泰洛齐的教育思想成为世界学前教育课程起源阶段的思想根源,而福禄贝尔、蒙台梭利以及杜威的教育思想也成为学前教育课程发展阶段较具影响力的思想,之后,教育学和心理学理论对学前教育课程理论和实践产生了巨大的撼动力,特别是皮亚杰的认知发展理论、布朗芬布伦纳生态学理论、加德纳的多元智力理论对学前教育课程的发展产生了巨大的影响。

### 1. 起源阶段世界学前教育课程思想

17世纪到幼儿园诞生之前,捷克大教育家夸美纽斯、自然主义教育家、哲学家卢梭、瑞士教育家裴斯泰洛齐的教育思想对学前教育课程产生过较大的影响,后来产生的学前教育课程理论和思想可以从他们的教育思想中找到根源。

夸美纽斯的代表作《大教学论》所传递的思想对后世影响颇大,此书用28

章概述了当时教育的内容。作为第一本学前教育专著,在《母育学校》中,夸美纽斯详细论述了学前教育。他对学前教育课程发展的贡献,不仅在于他把学前教育课程定性为实物课程,而且还在于他提出课程必须依照儿童身心发展阶段来编排,适应自然原则,通过周围生活发展儿童的观念,发展儿童外部感官能力等。他依照儿童发展阶段制定学制和课程,是西方教育史上的创举。

卢梭在他的教育论著《爱弥儿》中主张,教育应遵循儿童的自然本性,按照儿童发展的程序分阶段进行教育。其教育思想影响了后来的裴斯泰洛齐、赫尔巴特、福禄贝尔、蒙台梭利、杜威等一大批教育家。直到今天,卢梭的教育思想依然产生着较大的作用。

裴斯泰洛齐认为,为实现教育目的,必须遵照儿童心理发展的顺序,进行心理化教学,发展儿童内在的本质。他强调让儿童通过实物和实验学习,他还提出了直观教学的原则,今天看来仍具有一定的教育价值。

## 2. 发展阶段的世界学前教育课程理论和思想

1837年,世界上第一个幼儿园诞生,世界学前教育课程的发展也进入一个新阶段。19世纪欧美国家的学前教育课程理论和实践基本在福禄贝尔的思想下推进,20世纪则可以说由福禄贝尔与蒙台梭利的思想平分秋色。而从整个世界范围看,实用主义集大成者杜威的儿童教育与课程思想,大大震撼了学前教育界。

德国教育家福禄贝尔创办了世界上第一所幼儿园,建立了比较完整的幼儿园教育体系。他为孩子开发了一系列玩具——"恩物";设计了一套完整的课程,包括宗教教育、体育卫生、游戏活动、恩物、语言、手工、绘画和颜色辨别、唱歌和诵诗以及自然科学常识。他的教育方法主张:让儿童在自由、自主的活动中发展,让儿童在游戏中得到发展,让儿童在操作恩物中获得发展。从他对教育本质的观点、关于课程结构和内容的规划、所采用的带有原则性的教育方法,都反映出他对教育、尤其是对学前教育的思考。

20世纪初,意大利教育家蒙台梭利较早地提出了幼儿园"环境"问题,她认为,儿童存在着与生俱来的"内在潜能",这种生命力是积极的、活动的、发展着的存在。蒙台梭利非常重视感觉教育,并认为感觉教育遵循循序渐进的原则,即根据感觉发展阶段的特点,兼顾儿童的个别差异。她在教育原则和方法上特别重视环境的创设，即为幼儿提供有准备的环境。同时，她强调教师在活动中处于观察者和指导员的角色地位。

实用主义的代表人物杜威，是20世纪最伟大的教育思想家。他主张：教育即生活，教育即生长，教育即经验的不断改造。杜威也主张课程应尊重儿童，以儿童为中心，让儿童在做中学，与生活打成一片，通过实际操作获得经验。他强调开放性教育，设置活动区，儿童可以在创设好的环境中自由选择自己喜欢的游戏材料和活动，重视个人价值及其实现，至今这些思想仍然值得我们借鉴与思考。

### 3. 教育学和心理学与学前教育课程的发展

从世界学前教育课程的发展情况来看，教育学理论和心理学理论的影响十分巨大，其中，行为主义、人文主义、认知心理学等对学前教育课程的影响更大。

行为主义课程是依据行为主义学派的理论和思想建立和设计的课程。注重课程目标的明确具体、实施过程的有序、个别化教学以及教师素质的培养。恩格尔曼、贝雷特的课程方案，DARCEE[①] 早期训练计划、美国的早期开端计划等是其中最具代表性的早期课程方案。

人文主义心理学重视人性和理性，重视人心理的统整性和内在潜能的自我实现，以人为本。它启示人们在设计课程时应注意统整性，并适应儿童的个别差异。人本主义教育课程以发展人性为目的，并以促进个人的自我实现为目的。因此，课程设计应照顾儿童发展的身心特征、儿童的社会需要，课程内容应照顾儿童的经验，承认儿童是具有人性的人。

认知发展理论是本世纪最具影响力的心理学理论。20世纪70年代以来，瑞士发生认识论专家皮亚杰的理论对幼儿教育产生了极大的影响。他认为，儿童是主动的，在孩子发展过程中，物质环境的经验及社会环境的作用是孩子成熟的必要条件，孩子们是在与环境相互作用的过程中发展起来的，孩子与环境的相互作用是一个动态的过程。教育的目的在于发展儿童的认知结构，培养儿

---

① DARCEE，早期教育示范与研究中心，Demonstration and Research Center for Early Education 的缩写。

童的创造力和批判力，课程的设计应依据儿童认知发展阶段的特点，重视游戏和活动，重视培养儿童的互助、合作、互尊等，正确运用认知冲突原理，发展幼儿的自我调节能力。

进入20世纪80年代以后，人类发展生态学的理论引起了幼教界的重视。人类发展生态学家布伦芬布伦纳强调了环境与人的能动作用，指出行为的发展是人与环境交互作用的结果，从另一个角度探索了人的发展与环境之间的关系。

图1-1

进步主义教育家们将知识看成是隐含在经验之中的，儿童通过游戏，通过艺术和语言表征等活动重构知识，如图1-1。进步主义思想在相继出现的开放教育、方案教学、瑞吉欧教育体系及其他许多课程中都有所体现。

## （二）我国活动区教育的历史沿革

我国的学前教育拥有悠久的历史，但是作为一个专门的研究领域，其确立则不足百年的历史，因此，以新中国成立为分界点，把中国学前教育课程的发展分为两个大的历史时期，三个不同阶段。三个阶段伴随三次课程改革。纵观我国学前教育课程发展的全过程，改革和发展始终是一条主线，课程改革一直是学前教育改革的核心和突破口，三次改革均是从自由探索到国家统一，再到相对自由探索，使我国学前教育课程呈现出明显不同的阶段特点，而活动区概念在这种背景下逐步发展起来，在不同的幼儿教育历史时期活动区教育也是有所不同的：

早先，没有提出"活动区"这一概念，但从一些教育思想家对儿童游戏的主张中可以看出与当今活动区课程所倡导的理念相一致的观点。

游戏与幼儿的其他活动在我国幼教法规中的地位，可以说经历了由重视到轻视，再到重视的曲折过程。自1903年到1951年，幼儿自身的活动在幼教法规中一直被置于重要位置。

1904年《奏定学堂章程》规定的课程中，四种科目中就有三种是以幼儿自身活动为主（游戏、歌谣、谈话、手技），并把游戏放到了首位。

1932年，颁布的《幼稚园课程标准》更是以儿童对大自然、大社会的主动探索为中心，主张儿童自由活动，在生活中学习，老师只是儿童的把舵者。

1933年，张雪门发表《我国三十年来幼稚教育的回顾》一文，对中国当时的"小学化"现象进行批判，揭露幼教管理上过严、刻板和僵化现象。认为，"幼儿园的课程是什么？就是给三足岁到六足岁的孩子所能够做而且喜欢做的经验的预备"。

清朝末年，随着学堂的兴办，游戏被列入学生的课程。后经陈鹤琴等一批教育家极力倡导和身体力行，儿童游戏日益得到重视，开始全面进入儿童的生活、学习、娱乐等各个领域，儿童的游戏权利也得到了保护和发展。陈鹤琴认为，幼儿园应该给儿童充分的经验，应该以儿童的自然环境和社会环境为中心组织幼儿园课程。为此，他提出"六大解放"的主张。

20世纪50年代以后，我国幼儿教育学习苏联，存在重教学、轻自由活动，重上课、轻游戏的倾向。游戏只是作为教学的一种方式，地位显然不如从前。国家对幼儿园课程采取中央集中管理的方式，幼儿园课程较多关注的是儿童知识和技能的获得，较多关注的是课程预设目标的实现。

20世纪80年代初，随着国家由计划经济向市场经济转型，幼儿园课程又开始较多地关注儿童的经验，较多关注课程的过程价值。几乎所有的早期教育工作者都认为，对儿童的教育应该是适宜儿童发展的，尽管他们对儿童发展理论持有不同的看法，导致他们对适宜儿童的发展也有不同的理解。幼儿教育的方法和材料也不同于其他各级各类教育，在儿童早期，更多采用是具体的材料和活动，课程较多采用活动而不是上课的形式加以组织。

1981年的《幼儿园教育指导纲要(试行)》在教育手段及注意事项中指出,"幼儿园的教育任务、内容、要求是通过游戏、体育活动、上课、观察、劳动、娱乐和日常生活等各种活动完成的,不可偏废",尽管仍把游戏作为教育手段加以强调,但在后文中又指出,游戏应成为幼儿生活中的基本活动。这在一定程度上纠正了轻视游戏及幼儿其他活动的偏向。

1989年《幼儿园工作规程(试行)》的幼儿园教育原则部分明确指出:"以游戏为基本活动,寓教育于各项活动之中。"(第二十一条六款)"游戏是对幼儿进行全面发展教育的重要形式。应根据幼儿的年龄特点选择和指导游戏。应因地制宜为幼儿创设游戏条件(时间、空间、材料)。游戏材料应强调多功能和可变性。应充分尊重幼儿选择游戏的意愿,鼓励幼儿制作玩具,根据幼儿的实际经验和兴趣,在游戏过程给予适当指导、保持愉快的情绪,促进幼儿能力和个性的全面发展。"(第二十五条)"任何人不得以任何理由剥夺幼儿游戏的权利。"这一法规的颁布,真正扭转了轻视游戏及活动的倾向,还幼儿活动合理地位,让幼儿真正成为游戏的主人,见图1-2。

图1-2

《幼儿园工作规程(试行)》颁布不久,1992年《儿童权利公约》在我国正式生效。《儿童权利公约》第三十一条规定:"儿童有休息、娱乐和游戏的权利,应鼓励他们参加游戏、娱乐及文化艺术活动。"正是在这种背景下,倡导为孩子创设良好的教育环境,注重环境与幼儿身心发展的关系,以幼儿感兴趣的活动和活动类型为依据,让幼儿自主选择,通过与材料、环境、同伴的充分互动获得发展,让孩子们在活动区中充分地活动,成为我国教育家、心理学家以及广大教师的共识。但那时人们对于活动区的认识,仅仅停留于它是孩子的一种游戏活动或者是幼儿园环境创设的一个方面,还没有真正去思考活动区的课程功能并将这种形式作为一种课程形式去实践。

## （三）幼儿园活动区教育的现状与发展愿景

当前我国的学前教育课程理论和实践中存在的主要问题是：

⭐1 教育价值取向多元而不确定，引起教育实践者的困惑。

⭐2 教育内容明显知识中心化，零碎、杂乱、宽泛无序、抽象过深，超出学前儿童接受水平。

⭐3 教育过程中教师的教育目标意识差，所选教育内容与教育目标不对应。

⭐4 过分强调教师地位与作用，或过分强调幼儿价值，未能处理好师生关系。

⭐5 教育方式方法不适合教育内容要求，追求组织形式的花样翻新而忽视教育目标实质。

⭐6 过分重视教育过程本身而轻视教育结果，否定分科课程和教学组织形式，歪曲游戏的实质。

⭐7 "小学化"问题，仍然是长期未得到解决的问题。

随着《幼儿园教育指导纲要（试行）》的颁布，立足我国幼儿教育改革的现实，坚持贯彻党的教育方针，坚持全面推进素质教育的思想；倡导先进的教育观念，如尊重每个幼儿，尊重幼儿身心发展规律，力求体现终身教育的思想；将社会、文化、环境与教育密切结合的思想；努力实现教育的目的性与幼儿发展的可能性相适宜的思想；以及促进教师与幼儿相互作用、共同成长等思想逐渐深入人心。人们逐渐探索出一系列新的课程模式，各种模式通过其独特的价值作用，对儿童的发展和课程本身的建构作出了一定的贡献。活动区课程，作为其中一种新模式的尝试，通过开展活动区教育活动，向幼儿展现一个丰富多样的、多功能的、多层次的自由选择活动的环境，让每个孩子都有机会接触符合自己学习特点和愿望的活动,根据他们自己的能力去吸纳外界事物,使他们真正成为活动的主人。由此,活动区活动的功能从环境创设的一部分逐渐提升,并具有一定的课程功能。

纵观20世纪80年代以来我国幼儿园课程改革过程和趋势,我们不难发现:遵循幼儿身心发展的规律,注重幼儿主体建构,确立科学合理的以幼儿和谐、可持续发展为价值取向的培养目标,已经成为人们的共识。幼儿园活动区课程以《幼儿园教育指导纲要(试行)》为依据,在对幼儿发展的诸多理论研究的基础上,尝试将正确的教育理念应用于教育实践,从而成为幼儿教育实践的智慧、经验和教育策略,将会在幼儿园课程改革的百花园中成为灿烂的奇葩。

## 二、幼儿园活动区课程的内涵及要素

活动区课程既不是一种简单的游戏,也不是幼儿操作的代名词,它是幼儿园课程的重要组成部分,研究和掌握幼儿园活动区课程的内涵和要素,首先要研究课程的概念及相关特征。

### (一) 对幼儿园课程的认识

现代课程理论研究从较多的层面和角度赋予"课程"多重涵义,我们常见的课程定义大概有以下几种:

第一种,认为课程是科目、是教材。这种定义是从课程的内容角度提出的,它强调的是现成的学科知识,而忽略了学生在学校的活动中所获得的各种经验及学生个体成长的经历;也忽略了课程设计与教学工作。这是一种比较狭窄的定义。

第二种,认为课程是学习者的经验。这一定义从课程实施过程的角度提出,强调在教育教学过程中学习者可能得到和实际得到的知识经验,如图1-3。从理论上讲该定义的包容性较高,将目的、手段、内容看作是一个过程,同时包含正规课程与潜在课程。这种定义的范围太广,使在实际中研究学习者的课程经

图1-3

验较为困难，在实践中也难以操作。

第三种，认为课程是计划。这一定义是从设计课程的角度提出，它重视教育活动的设计，强调教育的意图，却忽略了在实施过程中可能出现的各种教育影响，和学生可能获得的不可预测的经验。

第四种，认为课程是目标、目的。这一定义从课程的目标角度提出，它的重点放在如何建立目标上。但是目标不能等同于课程，一个完整的课程应该由课程的目标、内容、实施方法和评价几方面组成。

课程这一概念可以说是一个多层面、多重含义的复杂概念，是"一个用得最普遍的教育术语，同时又是一个定义最差的术语"。随着现代教育科学基础理论的发展与应用，人们对课程认识已经从狭义的理解转化为广义的理解。从课程的内容来说，不仅指学科知识，而且还包括学生的学习经验。课程结构已不单纯是目标或内容，而是由多个因素、多层面运作构成的一个整体的课程系统。人们不再把课程看成是静止不变的计划，而是用动态的观点把课程看成是连贯一致的整体。人们不仅注意到课程实施中形式课程应达到的预期效果，而且注意到潜在课程对学生产生的不可预见的影响。总之，多数学者基本认同"课程是指在学校教师指导下出现的学习者学习活动的总体。"

## （二）幼儿园活动区课程的内涵

活动区是在幼儿园中设置的多功能、多层次、可供幼儿自由选择、丰富多样的活动环境。活动区课程是一种自然的、符合幼儿年龄特点的、能满足不同幼儿不同需要的、在活动区中进行的课程。开展活动区活动，可以让每个孩子都有机会接触符合自己学习特点和愿望的活动，根据他们自己的能力去吸纳外界事物，使他们真正成为活动的主人。活动区课程应该具有以下几个特点：

**1** 培养目标的整体性。在《幼儿园教育指导纲要（试行）》中明确提出，"幼儿园的教育并非互相割裂，而是一个相互渗透的整体"。因此，我们的教育也必须是整合的。作为活动区课程的理论基础不应只解释心理某一方面的发展，而应涵盖儿童心理各方面的发展，例如认知、兴趣、个性、社会性等，同时必须有足够的容量将儿童各方面的发展整合到其统一的框架中去，并对孩子的发展作出合理的解释。

**2** 课程计划的开放性。课程计划的开放性是活动区课程最为显著的特点，活动区课程计划隐含在教师为孩子提供的各种环境资源之中。在幼儿园活动区课程理念中，所有的操作材料都是孩子们学习的教科书，所有的设施设置都应该充分满足并最大限度地服务于孩子学习、合作与交流分享的需要，如图1-4。因此，制定活动区课程计划主要体现在区域的设置、材料的选择与投放及观察指导要点的把握；在活动区课程的实施过程中，目标更多地体现孩子个性化的自主发展性目标而不是教师预设或统一规定的集中性教育目标，活动过程将关注孩子的关注点、发展层次等呈现目标的多层次、多方向。

图1-4

⭐3 学习过程的自主性、个别性。由于活动区课程是开放性的，因此，孩子可获得的学习经验可能是多元的，学习的过程也更多地体现出自主性与个性化的特点。在活动区课程中，孩子可以自己选择活动区域，自由结成游戏与学习的伙伴，甚至学习的方向和内容也有较大的自主探索的权利。学习过程是幼儿与周围环境相互作用的过程，在这种相互作用的过程中，他们不是被动地承受或复制外界环境的影响，而是有选择地接受客观现实的影响，积极主动地去反映和理解客观现象，从而使外部的、物质的东西向内部的、观念的东西转化，表现出主体对客观现实的主动建构。

⭐4 教师角色的多重性。在活动区课程之中，教师角色具有多重性。这种多重性的主要原因在于活动区课程实施过程的两个方面：一方面教师需要在了解孩子发展水平和分析孩子已有生活经验的基础上设置活动区域，选择、搜集并创造活动材料，使区域设置和活动材料吸引孩子并能引发孩子的学习游戏活动；另一方面，教师引导孩子熟悉各种区域设置与材料的功能和用途，并观察评估每个孩子在活动过程中呈现出来的不同发展方向与发展水平。这两个方面在活动区课程的实施过程中是相互作用的。在课程执行过程中，教师将集设计者、搜集者、合作者、观察评估者、教师引导者、创意制作者等多种角色为一身，这也给教师的教育观念和教育能力带来了极大的挑战。

⭐5 活动资源使用的可重复性。由于活动区是基本固定的，其课程组织形式也是经常可见的小组或个别的活动形式，与孩子学习游戏和生活有关的材料对于孩子来说是开放的，孩子可以重复性地使用活动区的材料，并给予不同的创意变化。这解决了集体教学形式下教师必须为每个孩子准备一套操作材料并常常需要在规定的时间内完成操作的资源浪费的弊端。尤其是有条件的幼儿园创建专项活动室，孩子可以轮流使用，这样更是减少了教师频繁收放材料，材料重复投放的问题，使各种资源能够取得最大的教育效益。

⭐6 生态环境的社会性。人的学习活动总是在一定的社会关系系统中发展，人的学习与发展进程就是掌握人类社会历史经验并将其社会化的过程。区域活动内容丰富，包括认知、角色游戏、艺术活动、建构活动等，活动使孩子在显性、隐性的社会环境中积累着社会经验。大量研究表明,教师与每个幼儿之间、幼儿与幼儿之间的多向交往以及对物质材料的自由探索和交互作用对于幼儿的学习和社会化具有重要意义,这也是现代教学改革需要关注的问题。

## (三)幼儿园活动区课程的结构特点

对课程结构的分析有两种方法,第一种是从课程的运作层面来分析课程的结构,认为课程的结构包括四个层面,即由显著课程、理想课程、潜在课程和隐蔽课程构成。这四个层面的课程是相互联系和影响的。因此,我们在课程设计和实施中要同时兼顾四个层面,使它们构成一个统一的课程整体。

第二种方法是从课程构成的要素来分析,根据课程研究的学者对课程的长期研究,指出课程组成的四个重要的方面,即课程目标、课程内容、课程组织与方法、课程评价。

课程目标是教育目的在实践中的具体化,是把一般性的教育意向具体化为可操作并可实现的目标。课程目标是通过不同层次来实现的。课程目标的层次是从教育目的逐级转化为教学目标的纵向的逻辑关系来划分的,通过具体化的过程使教育目的或教育理想转化为可见可行的教育行为。

课程内容就是幼儿园的教育内容,是指一整套以教学计划的具体形式存在的知识、技能、价值观念和行为。它们是依据幼儿园的教育目的,按照不同教育层次、类型、年级和学科安排制定的,是构成一个具体过程学习的对象。课程内容的范围从深度看,不仅包括知识和建构知识的方法,还应包括这一过程中个体形成的学习能力、态度和价值观。从广度看,包括适应个性全面发展的一切知识经验的总和,如图1-5。

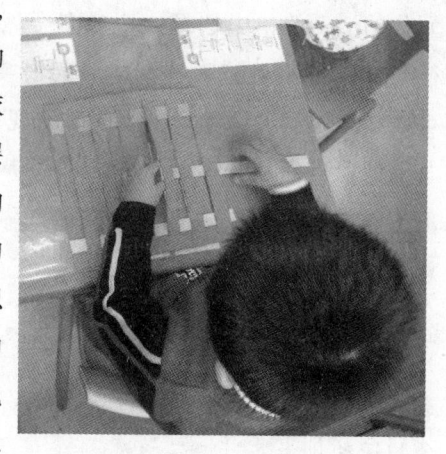

图1-5

课程组织是教师对所选内容进行确定的环节。课程组织有两个方面:一是内容的组织,主要指对知识技能和学习经验的排列和组合的方式;另一个是教育过程的组织，包括对学习者的分组、时间的安排、空间和设备的布局等。

课程评价是指对幼儿园一切教育活动的评价，即对幼儿园教育活动效果进行价值判断的过程。对幼儿园课程的评价主要是：第一了解课程的适宜性，为幼教工作者调整和完善课程、提高教育质量服务；第二了解幼儿发展状况，为幼儿园课程决策和与家长沟通信息服务。评价的类型一般分成形成性评价和终结性评价。评价的范围包括课程计划的适宜性，课程实施的教育内容、组织、方法、手段等的适宜性，教师的行为、态度、教师与儿童的关系和互动是否有利于课程目标的实现，幼儿身心诸方面发展的整体性与均衡性等。

幼儿园活动区课程是以第二种方式进行划分的。活动区课程之所以能够成为幼儿园素质教育的重要途径，主要是因为它表现出了能够促进幼儿通过主体性活动得到发展的主动活动、自主选择、相互交流和持续探索等特点。

活动区课程作为幼儿园课程的重要形式，其结构组成包括四个重要的方面，即课程目标、课程内容、课程组织与方法、课程评价。其课程结构呈现以下特点：

### 1. 活动区课程目标是多元的、开放的、高生成性的

活动区课程目标在一次活动中是多元的：孩子可以在一个由环境提供的多元化的活动清单中选择一个或多个区域进行活动，《幼儿园教育指导纲要（试行）》中所提出的健康领域、语言领域、社会领域、科学领域和艺术领域目标可以在一个区域课程计划中同时出现，甚至可以在一个主题下有效整合。

课程目标是开放的。开放教育是一种抽象的理念，强调的是对儿童的尊重，它需要依靠许多具体的措施和做法去完成。因此，目标制定时考虑两层意思：

①　材料的开放性。活动区活动的材料固定并开放摆设，便于幼儿自由选择活动区、自由选择适合自己水平的玩具材料，有利于激发幼儿积极主动地参与活动。

②　设置的相对开放性。各个活动区之间要有畅通的通道，便于幼儿从一个活动区转移到另一个区，为儿童充分协作交往及区域之间的转换提供了

可能。

课程目标是高生成性的。生成性的课程目标主张，儿童学习的过程是一种积极整合新信息于已有认知图式的过程，所有的学习都是"发现"，即所有学习都需要儿童将这些信息进行心理操作、加工，变成自己的东西。因此，活动区课程的目标不能局限于预设性，重点应放在师生活动过程中的共同建构上，教师在观察了解幼儿发展水平及课程目标的基础上设置区域及材料，并通过积极的引导诱发孩子的学习，驱动孩子的探索；幼儿则通过与环境的相互作用获得多种经验及情感能力的发展的同时，给予教师新的启示并使教师创造性地发展着区域课程内容。

**2. 活动区课程的内容是全面的、自选的、并具有一定层次性**

活动区课程内容的全面性体现在两个方面：

① 活动区材料的类型投放尽量全面，能体现儿童早期基础教育阶段全面发展的目标，有利于促进幼儿各种能力的发展。

② 活动区材料的投放还要注意层次性，为不同发展水平的幼儿提供多层次目标的活动机会和条件，以满足每一名幼儿在活动区课程中各种发展的需要，从而真正实现幼儿园的课程能够让不同发展水平的幼儿都能在原有的基础上得到不同程度的发展。

活动区课程内容适合幼儿的自主选择，一般来讲，幼儿园所设置的活动区具有全面性和层次性的特点，正是这种全面性和层次性为幼儿进行自主选择的活动提供了保证。幼儿园常设的活动区有社会体验区、分享阅读区、科学发现区、美术创意区、益智操作区、表演区、建构区等，涉及幼儿发展的各个方面，这为幼儿进行自主选择提供了广阔的空间，如图1-6。幼儿可以根据自己的兴趣爱好、发展类型、优势智能等进行自主选择。

活动区活动带有层次性的特点，主要表现在为小、中、大班幼儿设置不同的区域，提供难易程度不同的材料，有时即便是同一班级中同一类型的活动也通过提供不同层次的材料来满足不同发展水平幼儿的活动需求。适合幼儿不同发展水平、不同学习节奏的、不同活动特点的多层次的活动材料，可以满足不同幼儿

图1-6

进行自主选择的需要,从而促进幼儿在原有的水平上得到不同程度的发展。

**3. 活动区课程的组织是自然诱发与教师引导,集体、小组与个别活动的有机结合**

活动区课程的组织体现了自然诱发与教师引导的结合。活动区课程突破了传统教育中幼儿处于被动接受学习的状态,不是教师硬性地把知识或经验直接告诉幼儿,而是教师通过设计、提供可供幼儿操作的环境,特别是提供各种活动材料,让幼儿在和环境的相互作用中主动地建构、重组知识与经验。这样,使得活动区课程的组织与集体教育活动的组织形式有较大不同,活动区课程的组织具有自然诱发与教师引导相结合的特点。一般而言,孩子可以在没有老师统一组织的情况下自然地进入区域进行各种探索、创意、合作、交往、运动等发展性的活动,尤其是对于已经建立起活动区课程学习习惯的孩子更是如此。因此,教师在活动区课程的组织中更多的是在孩子的后面进行细致的观察,记录或评价孩子的各种活动状况和发展性的表现;或者是居于孩子活动之中,参与孩子的活动,并对于孩子在活动中遇到的各种问题进行及时的引导、给予一定的建议;当然,根据活动的状况教师也应该教授孩子一些在活动区中正确使用材料的方法与要求,并针对孩子的探索与学习发展状况,组织孩子进行有针对性的讨论,对孩子在活动中所呈现出来的经验进行梳理与分享,如图1-7。

活动区活动组织的另一个特点是集体、小组及个别活动形式的有机结合。在活动区课程的组织实施中,教师经常需要根据活动的需要,灵活运用并转换

图 1-7

着集体、小组、个别活动这三种组织形式。集体活动形式经常被教师运用于活动区域及材料的介绍,以及活动区域操作规则等针对集体的谈话;也经常运用于活动结束后,教师和孩子共同就活动中孩子的探索与发现,包括活动问题与解决、活动延展、区域设置与材料的更新等话题进行集中性谈话、展示或交流分享。小组活动形式通常被运用于具有一定探索方向的共同学习活动,使得师幼互动、材料互动及同伴之间的互动在整个的学习或游戏活动中更为充分。个别活动形式是活动区课程中经常可见的活动形式,个性化的学习与观察指导在活动区课程中得到极大的关注,也是教师观察了解孩子发展水平与活动特点的最好途径。

**4. 活动区课程的评价以幼儿自主发展为出发点和归宿**

在活动区课程中,幼儿园的教育活动形式是多种多样的,可以是教师与幼儿之间一对一的活动,也可以是教师组织全班或小组在活动区进行活动;可以是幼儿自选的活动,也可以是教师指定幼儿进行的活动;可以是幼儿按照自己的想法来进行的自由活动,也可以是教师按照预先制定的计划组织幼儿进行的活动。

活动区的所有活动都是以教师与幼儿的双方共同参与为存在条件,并以双方的相互作用为基本过程展开的。因此,活动区活动也是由教师的教育工作和幼儿的学习活动构成的双边复合活动。

在活动区活动中教师与幼儿同为主体,但是他们是不同性质活动的主体。

在活动区活动中，教师是教育工作的主体，即把组织幼儿园的教育活动作为自己的专门工作，以自身的活动，来引起和促进幼儿身心积极的、符合教育目的与期望的变化与发展。因此，教师的主体性不是"告诉"幼儿应当做什么，而是充分把握幼儿的身心发展水平与学习特点，组织与指导幼儿的活动区活动，从而使教育要求转化为幼儿学习与发展的内在需要，影响幼儿的学习与发展。对教师的评价，应当看教师的教育工作在多大程度上能够满足幼儿学习活动的需要，是否为幼儿身心发展提供新的可能性，创造了"最近发展区"。

在活动区活动中，幼儿是学习活动的主体，即把教育的内容与要求以及幼儿园的教育环境（包括由人与物构成的物质环境以及由人的活动及其相互作用构成的心理环境）等，作为自己活动的对象或客体。幼儿对象性活动的主要内容，是在教师的指导下与帮助下，吸取凝结在教育环境中有益自身发展的文化经验。因此，幼儿的主体性表现在能够主动积极地与周围环境相互作用与交往，在这种相互作用过程中，把外部的东西（包括教师的教育影响）转化为自己内部的东西，同时把自己内部的东西转化为外部的行为，影响周围的人与事，锻炼与发展自己的能力。幼儿虽是学习活动的主体，但是他的活动不是在自然条件下进行的活动，而是发生在教师创设的教育环境之中的。

## 三、幼儿园活动区课程的理论基础

任何一种课程模式的产生和发展，都凝结着前人的智慧和劳动，这些理论为其奠定了一定的理论和实践基础，以下几种理论对活动区课程有一定的指导价值和借鉴意义。

### （一）皮亚杰的认知发展理论与活动区课程

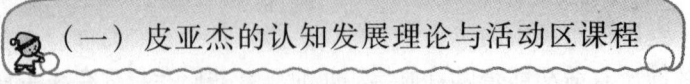

**1. 皮亚杰认知发展理论的基本思想**

认知结构理论的主要代表皮亚杰认为，儿童心理的发展乃是先天因素和后天学习相互作用不断发展的过程。儿童知识的形成，既不是外界事物的简单复本，也不是主体内部预成结构的独立显现，而是主体和外部世界在不断连接的相互作用中，通过同化和顺应引起个体内部图式——认知结构的变化，从而达到认识上的平衡。认知结构理论对活动区教育有着重要的影响，因为儿童的学习总是在已有的知识经验的基础上进行的，尤其是有意义的学习即通过理解而进行的学习，总是通过将新知识与结构中已有的相关知识建立起联系而进行的，如图1-8。

图1-8

同时认知结构理论还强调了个体认知结构的层次性和认知水平的差异性，皮亚杰把儿童认知的发展阶段分为四个阶段：感知运动阶段（0—2岁），前运算阶段（2—7岁），具体运算阶段（7—11岁），形式运算阶段（11—15岁）。各阶段的出现有一定的次序，不能逾越也不能互换。前一阶段构为后一阶段的基础，后一阶段是前一阶段的发展，二者有一定的交叉，但有着质的差别。

**2. 皮亚杰的认知发展理论对活动区课程的启示**

皮亚杰强调活动的重要性。他认为，动作是联结主客体的桥梁和中介，一切知识是主客体相互作用的产物，"知识来源于动作，而非源于物体。"从婴儿随着爬行寻找被藏的玩具而建构起"客体永久性"的概念开始，直到日后记数、顺序排物及测量物体，而建构起数目、序列和重量的概念，这一切都是由于儿童对物体的动作，因而在头脑中组织与思考的产物。在活动区，通过实物活动，学前儿童获得了实际操作经验，包括物理经验和数理逻辑经验，了解事物的大小、形状、质地、结构组成,物体变化及物体表现的联系与现象。

皮亚杰强调兴趣与需要的重要性。皮亚杰强调兴趣与需要在儿童发展中的动力作用,他说:"我们必须承认有一个心理过程的存在;一切理智的原料并不是所有年龄阶段的儿童都能吸收的。我们应该考虑每个年龄阶段的特殊兴趣和需要。"基于这种思想,他提出了"发现式教学法",即给儿童提供相应的材料和设备,激发儿童的兴趣,使儿童自由地探索事物,发现问题。活动区多种多样的材料,开放的区域、适合不同兴趣的活动,吸引儿童的兴趣,满足儿童的活动。这个过程就是利用儿童的好奇心,使儿童发挥自己的能力,允许他们根据自己的方式来进行学习,从而满足他们发展需要的过程。在这个过程中,充分发挥儿童的主体性,鼓励他们学会自己去学习,培养他们的创造性。

## (二)建构主义理论与活动区课程

### 1. 建构主义理论基本思想

建构主义是当代欧美国家兴起的一种庞杂的社会科学理论,其思想来源驳杂,流派纷呈。在近代,意大利著名哲学家维科(1668—1744)被尊奉为当代建构主义的先驱。建构主义思想源泉来自科学哲学家库恩、拉卡托斯、费耶阿本德等人的科学哲学理论,皮亚杰的发生认识论,维果斯基的语言习得理论,科学社会学理论,后现代主义关于科学的观点,以及美国心理学家凯利(G. A. Kelly)的个人建构理论等。建构主义理论认为:学习是学习者主动建构知识的过程,教师不可能把知识完整地转移到儿童头脑中去,相反是儿童从他们所听见的话语和所见到的形象中构建了他们自己的意义。建构主义主张"为理解而学习,并通过问题的解决来深化学习"。在这种模式下,儿童是知识的主动建构者,而不是外界刺激的被动接受者;教师是教学过程的组织者、指导者、意义建构的帮助者、促进者,而不是知识的传授者、灌输者。

建构主义的教学观与传统的教学观的区别在于对知识看法的差异。建构主义认为,在教学过程中,科学知识永远只是主体建构活动的结果,因而,它是不能传授给被动的接受者的。建构主义也强调知识建构的社会性,所以他们提倡合作学习,认为儿童在与他人讨论过程中帮助儿童学到更多新东西,扩大其认知结构，更清楚表达自己已有的概念，并检验那些与人相左的观念，加以重新建构。活动区课程中，教师在学习过程中可以为幼儿提供一定的支持和引导，组织儿童讨论、合作，提倡师生互动、生生互动，营造轻松、愉快、民主和谐、合作竞争的教学环境，引导儿童主动发现问题，主动收集、分析有关信息和资料，主动建构良好的认知结构。

总之，活动区课程在教育观念上强调学习活动中儿童的主体作用、给儿童以"学"的主动权。在活动区内容上重视社会性与实践性，为儿童提供一定的时间、空间和环境条件，如图1-9。在师生关系和互动方面，提倡"对话教学"，扩大民主合作与交流。

图1-9

## 2. 建构主义理论对活动区课程的启示

建构主义者以其对学习的基本理解为基础，就学习内容的选取和组织、教学进程的整体设计等问题提出了自己的看法。他们的理论对活动区课程有一定的借鉴意义。最有代表性的就是结构不良领域的学习、随机通达教学和情境性教学等。

在通常的学习中，由于儿童所接触到的概念的复杂性和实例之间的差异性，导致产生大量的"结构不良领域"的问题。结构不良领域具有以下两个特点：

知识应用的每个实例中，所涉及的概念中，都包含着许多应用广泛

的概念的相互作用(即概念的复杂性);

⭐2 同类的各具体实例中,所涉及的概念及其相互作用的模式有很大的差异(即实例间的差异性)。

因此,活动区的设置,使儿童能够根据具体情境,以原有的知识为基础,构建用于指导问题解决的图式,不是单以某一种概念原理为基础,而是要通过多个概念和原理以及大量的经验背景的共同作用而实现。

同样,"随机通达教学"的提出,也是因为运用已有知识解决实际问题时,存在着概念的复杂性和实例间的差异性,任何对事物简单的理解都会漏掉事物的某些方面,而这些方面在另一个情境中,从另外一个角度看是非常重要的。学习中,学习者可以形成对概念的多角度理解,并与具体情境联系起来,形成背景性经验。这种学习有利于学习者针对具体情境建构用于指引问题情境的图式。

"情境性教学"也是建构主义批评传统教学中去情境化的做法的结果。情境性教学:

⭐1 主张学习在与现实情境相类似的情境中发生,以解决儿童在现实生活中遇到的问题为目标。

⭐2 这种教学的过程与现实的问题解决过程相类似,所需要的工具往往隐含于情境当中,教师并不将提前准备好的内容教给儿童。

⭐3 情境教学并不需要独立于教学过程的测验,在学习中儿童对具体问题的解决过程本身就反映了学习的效果,或者进行与儿童学习过程一致的情境化的评估。

活动区课程能为儿童提供与现实生活相类似的情境,使儿童解决的问题、完成的任务具有真实性。教师是通过环境的创设,将教育的意图隐含其中,使儿童通过不同的探索,获得经验,得到发展。最关键的是,活动区课程的评价并不需要测验,而是在过程中就其活动的过程本身反映课程效果。

总之,以上几种建构主义的教学理论,对活动区课程都有指导意义。其共同点是由于真实性的任务中儿童了解其所要解决的问题,有自主意识;任务本身又是整体性的，具有挑战性，解决了问题就是奖励，因此容易激发儿童内部动机；它具有必要的复杂性，比起简化了的课堂集体教学环境更容易培养儿童解决问题的能力；它的多样性可以培养儿童的探索精神并且在完成任务时表达儿童自己的知识经验。

## （三）多元智能教育理论与活动区课程

### 1. 多元智能教育理论的基本思想

哈佛大学的心理学家霍华德·加德纳教授，多年致力于从事人类认知能力发展的研究，1983年在他的《智力的结构》一书中提出了多元智能理论（英文简称MI），明确了新颖实用的智能概念，建立了更为广泛的智能体系。同时，十多年来，他还充满热情地探索出多元智能理论在教育实践领域中的具体应用，形成了一个"以个人为中心的教育"的新教育观，建立在多元智能思维为基础的，从学前儿童到高中生的研究和实验项目，它们是学前阶段的《多彩光谱项目》、小学阶段的《重点实验学校》、初中阶段的《学校实用智能》和高中的《艺术推进》项目。这使得多元智能理论在教育教学领域产生了日益广泛而深刻的影响。加德纳多元智能理论的基本思想包含以下两个方面：

①关于智力的性质。加德纳认为，每个人的智力都有独特的表现方式，每一种智力又有多种表现方式。我们不能说明谁更聪明，谁最成功，我们只能说明他们各自在哪些方面聪明、在哪些方面成功，以及他们怎样聪明、怎样成功。在加德纳看来，影响每个人智力发展的有三种因素，即先天资质、个人成长经历和个人生存的历史文化背景。在正常的条件下，只要有适当的外界刺激和个人本身的努力，每个个体都能发展和加强自己任何一种智力。

②关于智力的结构。多元智能理论认为，人的智力是由言语－语言智能、逻辑－数理智能、视觉－空间智能、音乐－节奏智能、身体－动觉智力、人际交往智能、自我反省智能、自然观察智能等多种智力构成，是在某种社会和文化环境的价值标准下，个体用以解决自己遇到的真正难题或生产和创造出

某种产品所需要的能力。

### 2. 多元智能教育理论对活动区课程的启示

随着时代的进步和科学技术的高速发展,培养高素质的人才已经成为各国教育改革尝试和努力的方向。多元智能理论倡导的教学观是一种"对症下药"的因材施教观。多元智能理论认为,不同的智力领域都有自己独特的发展过程并使用不同的符号系统。因此,多元智能理论提示各阶段的教师在安排教学活动时要同时兼顾八种领域的学习内容,综合运用多样化的教学方法(如语言、批判思考、操作、合作学习、独立学习等),同时提供有利于八种智慧发展的学习情境。布置多元性的不同兴趣的活动室,让幼儿自由选择。受兴趣驱使,儿童在自己最喜欢的活动区进行活动,有经验的教师会很容易发现幼儿进入兴趣角玩耍的频率和专注的时间,发现幼儿潜伏着的某些智能,甚至儿童内心的意欲、情绪的表现等。在此基础上,根据幼儿教师的专业知识和经验,发现幼儿的潜质而又能及时给予幼儿鼓励、支持、关心,将更有助于幼儿多元智力的发展。幼儿又是好游戏的,游戏使幼儿心情愉快放松,没有压迫感,比较容易流露真情、凸显个性。活动室的开放性,给予幼儿更多自由发挥的空间,从尝试创新中发挥及培养幼儿的多元智力。

多元智能理论倡导的儿童观是一种积极乐观的儿童观。多元智能理论认为,每个人都同时拥有多种智力,多种智力在每个人身上以不同的方式、不同的程度组合存在,使得每个人的智力各具特色。多元智能理论倡导的评价观是科学的评价观。传统教育以分数和升学率作为评价的主要标准,评价学生更多倾向于训练和发展学生的数理—逻辑能力,而忽视学生其他方面能力的训练和培养。根据多元智能理论,我们应该抛弃以标准的智力测验和学科成绩考核为重点的评价观,树立多种多样的评价观。因此,教育评价应该通过多种渠道、采取多种形式、在多种不同的实际生活和学习情境下进行,确实考查学生实际解决问题的能力和创造出初步精神产品和物质产品的能力的评价。教师应该在活动区活动内容的选择和材料的投放以及过程中指导,考虑不同儿童的需要、兴趣,满足儿童的不同学习方式和类型,最大限度满足不同智力幼儿的发展方向和水平,而不是统一以语言发展和数理—逻辑发展水平作为衡量的标准。

总之,多元智能理论揭示了这样一个事实,那就是人类生存在一个复杂多样的环境之中，在这种环境中需要多种智力的组合，而不是过分强调语言智能和数理逻辑智能。中国的教育正处于不断的改革和深化中，因此需要新理论和新观点的支持。加德纳的多元智能理论不仅会为我们的教育实践提供理论的参考，而且会为我们进行活动区课程的建构提供有益的借鉴。

## （四）蒙台梭利教育理论与活动区课程

### 1. 蒙台梭利教育理论的基本思想

蒙台梭利是举世闻名的幼儿教育家，她的幼教理论具有独特的见解。她认为，儿童是一种敏感的生物，具有天生的美德与内在的内驱力，可以通过与环境的相互作用发展成具有自我管理、自我酬赏、自我控制的独特个体。因此，在教育观上，她主张自由教育，十分强调儿童的自选自导的学习和自动的教育。认为教育的目的有两个：生物目的是帮助儿童个人的自然发展，社会目的是为环境做个人准备，使个人能适应并利用环境。在此目的下，教育的任务就是给儿童提供一个适宜的环境，使其在这种环境中发展自身的自然能力。教师的职责就是建立常规和排除儿童自然发展中的障碍、观察儿童的表现和了解儿童的需要，以更好地承认、培育和保护儿童自身的能力，并给予间接的帮助。学校应当是能够使儿童的身体得到自由活动或游戏的，并能满足儿童智力、道德和社会性需要以及宗教方面要求的"有准备的"环境。

① 尊重儿童。这是蒙氏教育原理的基石。

② 儿童具有吸收性的心智。蒙氏认为，每个儿童都有内在的发展的潜能。

③ 儿童发展过程存在敏感期。很多知识学习的敏感期都出现在生命初期，此间，身体、语言与认知能力都会快速增长，所以要提供给儿童达到最佳发展水平所必需的经验。

④ 准备充分的环境。蒙氏认为，教师的一个主要职责就是给儿童提供

一个丰富、适宜的环境。

⑤ 自我教育。蒙氏认为，一个人必须教育他自己，而不能通过其他人而接受教育。积极融入准备充分的环境，而且真正从事自由选择的儿童能够自己教育自己，角色游戏在自我教育中，具有关键性作用。

⑥ 教师的角色。蒙氏认为，教师应当让儿童成为学习的中心；鼓励儿童去学习；观察儿童；准备学习环境；尊重每一个儿童；介绍学习材料、展示学习材料并且支持儿童的学习。

### 2. 蒙台梭利教育理论对活动区课程的启示

蒙台梭利的教育给我们以启示是，在活动区课程中，我们应当尊重儿童的各种需要，使他们能够有效地学习，独立自主以及积极地选择所需要的技巧和能力。活动区的创设就是为儿童提供准备充分的环境，使儿童能够根据他们自身的愿望和需要自由走动，自己决定使用什么材料来开展学习活动。自由是这种有准备环境的基本特征，处于这种环境中的儿童可以自由探索自己选择的材料，吸收那些他们发现的内容。蒙台梭利的自我教育原则使我们懂得，每个人通过自己努力可以获得大量的知识，自我教育在教育活动中应该有一个更加突出的地位，也就是说，教育应更多以儿童为中心，更少地以教师为中心。同时，我们进一步认为，教师的角色不应该是一个指挥者、控制者，而应该是环境的维护者、观察者、示范者、支持者和资源提供者。

尽管蒙台梭利教育法并不是没有批评之声，如认为它的材料和方案有说教的性质；这些体系传授的活动范围比较狭窄；通过预先确定的方式和预先确定的一套材料来学习概念；儿童在掌握材料后，往往没有被鼓励使用创造性的方式来使用和实验材料。还有人认为，蒙氏教育的教师没有为儿童提供社会化的机会，没有出现小组游戏、比赛和其他活动。还有人认为，它的观点和方法如此的细致入微，过于细化。但是我们更多的是看到它对当代教育的积极影响，特别是对活动区课程的作用。

适当的评价。观察是蒙氏教师中评价儿童进步、成绩与行为的主要手段，训练有素的蒙氏教师是熟练的儿童观察者，并且擅长将他们观察到的成果应用到引导、指挥、提高儿童积极学习的方式中。因此活动区课程中，建立在观察基础上的教师的指导不仅是必要的，这样可以了解儿童的水平、需要、困难，而且教师要在不同的情况下当好环境的创设者、儿童活动的观察者、儿童遇到无法解决的困难时的支持者和根据儿童发展需要投放材料的资源提供者。

总之，蒙氏的教育理论和方法，就是通过"教育"引起儿童的兴趣和自由活动，在活动中儿童成为一个生活集体，从这个集体中培养真正自由的儿童，培养他们的责任感，其最终目的是实现人类的和平。

## （五）瑞吉欧项目教学理论与活动区课程

### 1. 瑞吉欧教育模式的特点

瑞吉欧教育系统的本质在于，幼儿教育既要顺应儿童的自然发展，强调儿童自主的活动，又要将儿童的活动纳入有目的有计划的轨道，在适当的时机通过教学去促进儿童的发展。换言之，就是要处理好幼儿自发生成的学习和教师有目的有计划的教学之间的关系。儿童是发展及创造生活内涵的主体，生活与环境中的多样性都会成为儿童追求和探索的目标。儿童从各种角度观察，用不同图像表明，用各种方式说明；儿童用自己所观察的事实，加入自己的想象，构建了新的理解；儿童自由地、创造性地表达自己内心对事物的感受；儿童用多种方式表达表现，这是儿童的天性。

瑞吉欧幼教模式的特色体现在很多方面：

对儿童的合作、主动建构、发现学习的强调；对建立在儿童的兴趣之上、不规定时间、有助于儿童深入理解的、综合了艺术、科学、数学和语言等多种学科的项目活动的重视；对教师系统地研究儿童的学习和知识建构、认真地观察和记录孩子、成为儿童学习的合作者和研究者以及维持和家长及社区的高水平的双向交流的强调；对创设美和变化、多样性、启发性的环境的关注等。其特点主要体现在以下八个方面。

① 不断变化和发展的教育目标。它是教师根据自己对儿童的了解以及前期的经验对可能出现的情况做出的种种假设而形成的弹性的目标。同时它又

是开放的，教师将根据活动中幼儿的反应以及活动的进程来确定活动的发展方向和课程目标。显然，这里的目标是变化的、发展的。

⭐2 协商与合作式的教学过程。瑞吉欧教学的整个过程都是由教师和儿童共同协商而成的。

⭐3 形成性评估。瑞吉欧幼教课程的评估主要是根据发展的不同阶段进行的。评估是在真实的情境下，在活动的过程中展开的，是动态的、形成性的而不是诊断性的。这种评估不是着眼于对儿童进行比较，也不是关注儿童的缺陷和不足，它所关注的是儿童能够独立完成事情以及在外界帮助下、在不同情境下能够达到的水平。

⭐4 贯穿活动始终的记录。瑞吉欧记录更多地重视儿童在活动过程中反映出来的经验、记忆、想法。这种记录贯穿儿童活动始终，它传递给儿童一种"价值感"，使儿童对自己的工作更加认真负责，也是儿童得以回味或学习别人的工作，从而提高其学习的广度和深度，并发展自评和互评能力的过程。

⭐5 "打乒乓"式的师幼互动关系。这是瑞吉欧师生合作关系互动模式的一个形象比喻。这一过程是教师和儿童共同学习、共同探索、共同研究的过程。这里不是儿童中心，也不是教师中心，它起于儿童，强调儿童的自主性、主动性，同时也强调教师的引导和帮助。教师和儿童平等的参与到活动中，共同主动的投入到学习中。

⭐6 多种的学习和表现方式——百种语言。在瑞吉欧看来，幼儿表达自我和彼此沟通的手段，以及教师判断幼儿对相关内容是否理解的标志，不应只是人类特有的语言符号，还应包括许多非文字语言，包括动作、绘画、建构、雕塑、阴影游戏、拼贴画、戏剧表演、音乐等方式。

⭐7 "作为第三位教师"的环境。瑞吉欧的教育工作者将幼儿园看成是一个促进社会互动、探索、学习的"容器"，是一个有教育内涵，包含教育信息、充满各种刺激、能促进交互性体验和建构性学习的环境，努力使环境成为"第三位教师"。

⑧ 社区和家长参与管理。社会在儿童教育方面给予幼儿园以有力的支持，素来是其文化中集体主义的体现。

### 2. 瑞吉欧教育模式对活动区课程的启示

瑞吉欧以"项目教学"为中心的课程设计思想和实践经验向我们展示一种新的幼教模式和教育理念，对我们活动区课程所应遵循的儿童观、教师角色、环境设置以及课程改革等方面有着一定的借鉴和指导意义。

① 首先是平等的儿童观。瑞吉欧的教师认为，儿童是坚强的、主动的，他们有能力担任自我成长过程中的主角；儿童是与教师所共同经历的历史中的演员，是社会文化的参与者；儿童有权发表自己的看法，并以个人特殊的经验和理解方式同他人共同行动；任何一个儿童都会通过与他人互动找到自己的定位，实现自己的独立性、完整性，追求自己的满足感。这种对儿童的看法给瑞吉欧的教师提供了平视儿童的机会。儿童与成人在人格上是平等的人。因此，我们在安排活动区课程、设计活动时，要考虑儿童的最近发展区，考虑儿童的兴趣与需要，避免强行灌输、随意伤害儿童的自尊心。同样，我们要将儿童看做是具有主观能动性的人。儿童不是消极被动接受外界环境的刺激，而是对外界环境加以选择。另外，我们应明确儿童在互动中学习。因此，活动区课程应为儿童创设更多的交流的机会和开放的空间、丰富的探索材料和工具，各种活动室和工作室，为儿童人际互动、人物互动、自主探索、交流与分享提供充分的环境。

② 其次是"参与者"的教师角色。与传统的教师控制与主导的角色相比，教师的地位不仅是一个组织者和参与者，带着她对当时某一主题价值的构想和对幼儿的期待进入活动的设计、准备、促进和转换之中，扮演着幼儿的同伴、活动方向的决策者和幼儿学习资源提供者的角色。而且，教师是将幼儿的情趣和努力集聚在一个主题之上的核心力量，这种核心的作用不是体现为教师的明确控制和规范，而是作为成人对于幼儿的活动所表现出来的关心和支持、建议和帮助。

③ 第三是发挥环境的教育作用。瑞吉欧将环境视为"一个可以支持社会互动、探索与学习的容器"，赋予了环境丰富而深刻的内涵，使一切活动都

以环境的创设为基础,把环境的教育价值摆在了整个教育取向的一个重要位置,如图 1-10。

图 1-10

4 最后要变刚性课程为弹性课程。传统的幼儿教育教学过程中,一般是预先有一个制定好的完整的课程计划,安排好课程计划、内容、进度,分配好课时;由研究人员和教师负责设计具体的课程;设计的模式基本是目标模式——即把国家规定的大目标层层分解,再根据详尽、具体、可操作的目标,将进行教育活动的每个步骤、每个环节写成教案;教师的作用就是严格执行计划,教师只能在不改变计划的基本思路、基本内容、基本程序的过程中有所调整。瑞吉欧教育的课程为弹性课程,优于传统的刚性课程。总之,瑞吉欧教育体系以其独到的哲学蕴涵和课程假设,对我们无论从教育理念、实践经验,还是在教学方法、儿童定位、教师角色、环境布置、课程设计等方面,开创了学习的样板,融入到我国本土活动区课程的理论和实践中,会使我们受益匪浅。

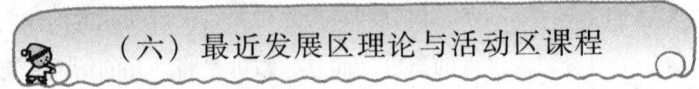

(六)最近发展区理论与活动区课程

**1. 最近发展区理论的基本思想**

维果斯基是前苏联的心理学家,他主要研究儿童心理和教育心理,着重探讨思维与语言、教学与发展的关系。在说明教学和发展的关系时,维果斯基认为"儿童的教学可定义为人为的发展"。他提出了"最近发展区"的思想,认为教学必须考虑儿童已达到的水平并走在儿童发展的前面。为此,考虑儿童发展水平及教学时,必须考虑儿童的两种发展水平,一种是儿童现有的发展水平;另一种是指在有指导的情况下借助成人的帮助可以达到的解决问题的水平,或是借助他人的启发帮助可以达到的较高水平。这两者之间的差距,即儿童的现有水平与经过他人帮助可达到的较高水平之间的差距,就是"最近发展区"。最近发展区理论认为儿童有发展的可能性,教和学的相互作用刺激了儿童的发展,社会和教育对儿童发展起主导作用。从这个意义上讲,他认为教学"创造着"儿童的发展。

###  2. 最近发展区教育理论对活动区课程的启示

维果斯基的思想体系是当今建构主义的重要基石,他强调内部心理结构,认为新知识必须在旧知识的基础上建构。维果斯基的理论启发着建构主义者对学习和教育进行着大量的理论建设和实践探索。研究者探索出不少教学模式,其中值得注意的是支架式教学。这种教学方式的要点在于:

★ 强调在教师指导的情况下,儿童的发现活动。

★ 同时强调,教师指导成分逐渐减少,最终要使儿童完成独立发现,将监控学习和探索的责任由教师向儿童转移。

维果斯基最近发展区思想影响下的建构主义者提出并强调支架式教学,即教师引导着教学的进行,使儿童掌握、建构和内化所学的知识技能,从而使他们进行更高水平的认知活动。简言之,就是通过支架(教师的帮助)把管理学习的任务逐渐由教师转移给儿童自己,最后撤去支架。支架教学包括以下几个环节:

★ 其一是预热。即将儿童引入一定的问题情境,并为儿童提供可能获得的工具。

★ 其二是探索。先由教师确立目标,用以引发情境的各种可能性,让儿童进行探索尝试,这时目标可能是开放的,但是教师会对探索的方向有很大影响。

⭐ 其三是独立探索。这时,教师放手让儿童自己探索方向和问题,选择自己的方向,独立地进行探索。

总之,支架教学的理论基础就是维果斯基的最近发展区思想。按照维果斯基的设想,儿童的学习包含了若干水平:最低水平时,儿童可以独立学习,能够很容易地概括并理解意义;在最高水平时,由于任务难度大大超过了儿童的能力,即使有精心设计的教学,儿童也不能领会掌握技能。最近发展区就是介乎两端的中间地带,在这个区域里,虽然儿童自己难以完成学习任务,但在成人的指导下或者和更优秀的同伴合作时,他们就能胜任学习任务。对于活动区课程的设置来讲,教师的任务必须使教学针对适当的难度水平,与儿童的能力、知识水平形成积极的不匹配状态,通过创设环境和指导,为儿童的学习和智能的发展提供必要的信息和支持,这种支持也就是平常所说的支架,儿童可以借助支架建构一个稳定的理解,最终独立完成任务。

❓ 问题 与 思考

1. 请你结合自己的教育实践,谈谈目前幼儿园活动区课程中存在哪些问题,并提出解决的策略。

2. 请列举2~3个幼儿园活动区课程的相关理论,谈谈这些理论对活动区课程有哪些启示。

# 第二部分

# 幼儿园活动区课程的价值、功能和种类

# 一、幼儿园活动区课程的价值取向

幼儿园活动区课程的价值取向是活动区课程实施过程中所追求的目标，同时也是在实施活动区课程中必须持有的价值观念。以儿童为本位，培养全人格，发展主体性，依托课程的整合与共生，是活动区课程的主要价值取向。

## （一）关注差异，以幼儿发展为本

众所周知，幼儿的发展始终是幼儿教育最根本的问题。幼儿园课程的建构以及由此而来的一切教育活动都是围绕着"儿童发展"，即"怎样发展"、"如何看待发展"、"如何有效发展"进行的。换言之，就是用什么样的儿童观和教育观进行幼儿教育的问题。2001年教育部颁布的《幼儿园教育指导纲要（试行）》反复强调以"幼儿发展为本"，明确指出："幼儿园教育应尊重幼儿的人格和权利，尊重幼儿的身心发展的规律和特点。""关注个别差异。促进每个幼儿富有个性的发展。""使他们在快乐的童年生活中获得有益于身心发展的经验。"我们建构幼儿园活动区课程时，努力把握好国家的教育方针政策，顺应社会发展的需要，吸取心理学、教育学多种理论的合理内核，尊重幼儿的年龄特点和认知特点的思想设计课程，内容由近及远，由浅入深，由表及里。同时，我们还十分重视幼儿早期的潜能开发和个性化教育，正确把握幼儿发展的全面性、全体性、差异性和可持续性，努力使幼儿发展为本和社会发展为本的课程目标从对立走向渗透和整合，反映社会应有的价值取向和人的发展取向的合一，体现了时代精神和优质整合的学前教育理念。

## （二）塑造完整幼儿，实施全人格教育

塑造完整儿童，实施全人格教育，这既是学前教育发展的历史总结，也是

未来儿童发展和未来社会发展的客观要求。纵观中外学前教育的发展历史，学前教育经历了重视保育价值到重视教育价值的过程。在教育价值受到重视后，又经过了片面强调某方面价值，如重视智力或情感发展，强调教育外在功能价值，到全面发展，重视儿童内在价值的历程。培养一个全面发展和谐平衡的儿童，是指其身体的、社会的、情感的、认知的和道德的整合发展，"完整儿童"已成为现代幼儿教育的新观念。

幼儿园活动区课程，强调促进幼儿多方面的发展，寻找符合幼儿兴趣、又可以满足不同需要的幼儿学习的经验。在幼儿的差异性和全面性、可能性和必要性两端找到一个合适的支点。以幼儿现实生活为轴心，将《幼儿园教育指导纲要（试行）》中提出的五大领域与幼儿的基本生活经验有效地整合起来，置幼儿的学习于一个有意义的丰富的生活环境中。

## （三）发展幼儿主体性，实施主体性教育

每个幼儿不仅是一个整体，具有自己独一无二的人格，而且是一个具有主体性的整体，是一个主体性正在发展、需要发展的人。因此，为使幼儿人格得到均衡发展，就要充分发展幼儿的主体性，进行主体性教育，使其成为活动区课程追求的价值取向。

对于学前儿童来讲，主体性主要表现为自动性、活动性和探索性。自动性是主动性的低级水平，是学前儿童在外界刺激下表现出的倾向于客体的特性。当外界出现新颖的事物时，学前儿童能够产生好奇心，即可萌发自动性。活动性是能动性的低级水平，是学前儿童内在生命本质在兴趣驱使下的表现。探索性是创造性的低级水平，表现为在操作事物过程中求知、发现特性。学前儿童的自动性、活动性、探索性与外界刺激的特点有密切关系，主要取决于外界事物能否引起其兴趣，能否满足其自然需要，能否给他带来愉悦。

活动区课程以其自主性、整体性、个别性、社会性等多方面的特性，提供不同的实践活动，使学前儿童的自主性获得适宜性的发展，较好适应未来复杂社会的需要。学前儿童的活动主要是两种活动：一是指向于物的实物活动；二是指向于人的人际交往活动。

通过实物活动，学前儿童可以获得实际操作经验，在对自然的观察、探索中，增长对外界的兴趣和探究心理。同时，学前儿童也是社会的人，通过与人交往，特别是游戏中与小朋友的交往，形成良好的人际关系。

### （四）以课程为载体，实现课程的整合与共生

当今，整合在学前儿童学习和发展中的作用与意义已逐渐为人们所认识。为学前儿童提供整合的课程，成为幼儿园改革的一个重要方面。《幼儿园教育指导纲要（试行）》明确提出"幼儿园教育内容是全面的启蒙的"，强调"各领域的内容相互渗透，从不同角度促进幼儿情感、态度、能力、知识、技能等方面的发展"，将"整合"作为一条主线清晰地贯穿于所有的教育活动中。这是因为幼儿的身心特点和学习特点决定了幼儿教育必须是整体性的教育，幼儿教育需要高度地整合。这意味着幼儿园课程设计应该而且必须从提高幼儿基本素质出发，关注各种因素间的互动与渗透，反应幼儿教育的整体观。应该围绕

图 2 - 1

幼儿生活的核心经验选择主题、设计环境、投放材料，使各区域间得以有机整合，如图 2 - 1。"既考虑幼儿的现有水平，又要有一定的挑战性；既符合幼儿的现实需要，又有利于其长远发展；既贴近幼儿的生活选择，幼儿感兴趣的事物和问题，又有助于幼儿经验的积累和视野的拓展"，使幼儿获得最基本的感性经验，得到最基本的发展，形成对幼儿的全面综合的影响。与此同时，我们还十分关注来自于幼儿生成的有价值的内容，或合理有效地吸收到教师的预设活动之中，或为幼儿创设探索的环境，为幼儿的生成提供广阔的空间，在尊重幼儿发展的个别差异性和注重幼儿发展的全面性中寻找平衡点。

## 二、幼儿园活动区课程的功能

### （一）为幼儿创设互动的学习环境

幼儿的学习是一种互动的、以某种社会关系为基础的社会建构过程。幼儿的主体性是在与客观世界积极地相互作用过程中表现、发挥和发展的。在此过程中，幼儿获得了对物与对人的认识，而且也认识着自己，形成和发展着主体性。在幼儿生活的空间中，最基本的关系就建立在与伙伴、教师、家长之间。对幼儿来说，从同伴和成人那里获得的认可会使他们体验到认同感、归属感，从而更加自信地参与幼儿园的活动。而丰富的社会交往带来丰富的期待、冲突、沟通与抉择，为幼儿学习提供了动力和丰富的资源。活动区课程以其独特的多元性、开放性、自选性等特点，为幼儿创设了更多的交流机会和开放的空间，提供了有利于游戏和社交的场所，为幼儿人际互动、人物互动、自主探索、交流与分享提供充分的环境，如图2-2。

图2-2

在这里，教师对幼儿的活动除了直接指导外，更多的时候，教师往往从一个教育者、指导者的身份，变为幼儿学习的观察者、游戏伙伴、活动环境的创设者、提供者等，教育影响力通过中介间接地作用于幼儿。活动区课程的投放，使教育十分接近幼儿的生活，甚至与幼儿的生活完全融合在一起。教师的指导和幼儿的"学"都通过幼儿动手操作环境中的物、与环境中的人交往等相互作用活动得以实现。幼儿、教师和其他成人构成了幼儿园的人际环境，它使每个幼儿在集体中，既是主体又是被他人认识、交往的客体，幼儿既主动地与他人交往，又同时体验他人对自己的看法、态度、对待方式，从而通过人际反馈进行有效的社会学习。其中，教师是这一人际环境的轴心，幼儿与幼儿或其他成人的互动都需要教师去促进和调节。从这个意义上讲，活动区课程是一个能够把互动中的各种力量和要素动态地结合起来朝向一个共同目标的课程模式，它将会产生不同寻常的力量。

## （二）为幼儿提供个别化的学习机会

由于遗传、环境、生活和教育条件的不同，幼儿的气质、性格、体能、智力等方面都有显著的个别差异。因此，活动区课程的设置既要考虑幼儿群体的共性，又要从每个幼儿的实际出发，个别对待，使每个幼儿能在原有基础上得到最大限度的发展。这样，在进行活动区课程时，应根据幼儿的兴趣、爱好、能力让幼儿选择比较适合自己的活动。在活动的设计、方法的选择、活动的形式上应多加变化，尽量给予幼儿自主选择和自由学习的机会，给予个别指导，充分挖掘幼儿的潜力。对于有情绪障碍、行为有问题的幼儿更应分析原因，加强个别教育，使他们能在原有基础上得到最大限度的发展。

儿童可以根据能力分组、兴趣分组、人际关系分组，自由组成小组，教师通过活动区可以观察、了解、指导幼儿，因人施教。研究幼儿，了解幼儿，起源于观察，它是教师发挥主导作用的重要内容，是促进每名幼儿在原有水平上发展的关键。幼儿在活动区中的表现是自我能力、自我感情的真实流露，这正是教师观察了解幼儿的好时机。由于活动区这一特定的教育形式，教师在观察时可以小组为单位，在一个区中了解这组幼儿的能力水平，对不同能力的幼儿分别给予指导；又可以"跟踪"某一幼儿进行观察，看一看这名幼儿进出哪些活动区，在各个活动区中的语言、行为、表现，便于对幼儿研究分析，做到因人施教，如图2-3。

图2-3

### (三) 为幼儿提供静态和动态相平衡的课程

课程内容是课程价值的主要载体。而选择哪种课程形式，取决于不同的教育价值取向。传统的课程观念，更多地关注集体教育活动的课程形式，学科或者是主题式的集体课程形式所占的比重较大，原因是这种课程形式教师比较好把握，省时，教学面广，效率高。但是，儿童自由探索的机会较少，教师也很难照顾到幼儿的个性差异。我们认为，幼儿园活动区课程形式与幼儿园的集体教育课程形式在幼儿的发展中各自具有不同的、不可替代的课程优势。集体教育形式具有可以在较短的时间内进行较大范围的信息传递和集体智慧的相互碰撞与交流的课程优势，这种课程稳定性强，我们称之为静态课程；而区域课程则满足孩子自主个性化发展的需要，给予孩子更加充分、自主、愉悦的学习与游戏空间，但是课程内容变化性动态性较强，我们称之为动态课程。这两种课程形式在幼儿园的全面的课程设计中都是非常重要的。偏重于任何一种课程形式都会带来课程的不平衡，也不利于孩子早期多元智能的不断发展。

关于幼儿园动态性课程和静态性的比例多少为适宜，难以做统一量化。但是我们直观感觉到，这与儿童的年龄阶段有着直接的关系。年龄越小，幼儿园课程中的动态性内容就应该越多，所占比例也就越大。随着年龄的增长，幼儿园课程内容的动态性可以逐渐减弱，静态性课程逐渐增强。

# 三、幼儿园活动区的种类及区域特点

## (一) 幼儿园活动区的种类

幼儿园活动区的种类可以分为户外活动区域和室内活动区域。户外活动空间有：钻爬区、攀登区、平衡区、投掷区、沙水区、种植区、饲养区等。幼儿园室内的活动区域可以分为专项活动室和班级内的活动区域。专项活动室一般适宜于活动空间较多，办园条件比较好的幼儿园。如美术创意室、科学发现室、图书阅读室、音体室、陶艺室、生活体验室等。建立专项工作室可以集中有效使用资源，每个班级的孩子轮流活动或打破年龄班的界限混龄活动，减少资源的浪费和搁置，实现资源的最大效益。

班级内的活动区设置围绕幼儿的课程发展方向大致可以分为七个基础性区域：社会体验区、分享阅读区、科学发现区、美术创意区、益智操作区、建构区、表演区。

## (二) 幼儿园不同活动区的具体特点

幼儿园活动区的划分从空间上分为室内室外活动区，从幼儿园条件的许可方面分为专项活动室和基础活动区，本研究着重探讨室内活动中基础性区域的特点。

### 1. 角色区

孩子从一出生开始，就慢慢地完成着由自然人向社会人的过渡，这一过渡的过程伴随着孩子生理上和心理上的诸多变化。在这个过程中，提供丰富的孩子可以直接参与并能获得深刻体验的环境是至关重要的。社会体验区也称"角色区"，包括娃娃家、商店、餐厅、医院、银行等，如图2-4。在这一区域中孩子可以在虚拟的社会小环境中假想各种社会角色，如爸爸、妈妈、医生等，满足孩子多种渴望像成人一样工作的游戏愿望，尝试着走出自我，学会交往，初步建立社会情感、社会规则、社会关系的早期经验。社会体验区的突出特点是：

图 2-4

⭐1 生活性：区域中有生活化的游戏环境和真实的或替代性的操作材料。

⭐2 虚构性：幼儿在整个游戏过程中始终处于假想状态，模拟着他们所了解的生活中的角色与情节，或者是他们假想出来的、甚至在现实生活中不可能发生的情节。

⭐3 性别差异性：男女孩根据性别的差异各自选择自己喜欢的角色。

⭐4 转换性：幼儿往往根据自己所扮演的角色，自觉不自觉地与其他相关区域之间产生主动联系与交往，并可能在此基础上，打破班级界限，充分利用和分享不同的游戏资源。

⭐5 自主性和创造性：幼儿在游戏中能按自己的意愿选择和扮演角色自主活动，并充分发挥想象力进行创造。

⭐6 交往性：幼儿在各种社会情境中与其他幼儿互动交往，激发社会行为。

## 2. 语言区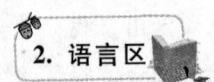

一直以来，故事、儿歌等图书的阅读在儿童的早期成长中占据着重要的位置。不论是在家庭中还是在幼儿园及各种幼教机构中，提供适宜于儿童阅读的丰富的图书资源是优质早期教育的重要标准。儿童的听说读写的早期经验的奠定对于其终身的发展具有重要意义。在分享阅读区可设立故事角、新闻角、创意图书角等，孩子可以在成人有计划提供的图书环境中进行听读、阅读、讲述、创编、画写等活动。分享阅读区具有以下独特的特点：

① 封闭性：一般来说是一个相对封闭的区域，也比较安静。

② 转换性：与表演区有一定的转换性。如在讲故事的过程中，幼儿往往寻找道具等进行角色表演。

③ 趋光性：从孩子阅读习惯及保护孩子用眼卫生角度出发，分享阅读区应尽量设置在光线比较好的明亮的地方。

## 3. 科学区

孩子从出生起就对周围的世界充满着好奇，大自然永远都是孩子学习探索的最好的教科书。创设科学发现区对于引发孩子对周围世界的好奇、探索，养成初步的科学思维态度、习惯与能力是非常重要的。科学发现区包括自然科学发现、数字现象、量与自然测量、形与体、时间与空间等。由于科学发现内容广泛、需要多种操作材料，因此，有条件的幼儿园可以设专门的科学发现室。科学发现区具有以下特点：

① 操作性：幼儿在科学发现区中是通过操作性的探索与发现来获得对周围世界的认知或提升科学经验的。

② 转换性：与益智区转换的频率较大。

③ 认知性：幼儿通过操作探索往往能够获得一些认知方面的知识与

能力。

**4. 美工区**

对于幼儿来说，世界是多姿多彩的，也正是因为如此，孩子们痴迷于感受着世界的神秘，同时他们也非常愿意把自己的发现和情感用色彩、造型、面泥等多种方式表达出来，由于孩子对于这个世界的独特的、充满童心童趣的表达，往往很多艺术家认为孩子们的绘画是具有高度创意的，甚至要向孩子们学习绘画和创造。如何开启孩子这样一个表达生活与世界的独特语言对于培养孩子的艺术素养和创意能力是非常重要的。美术创意区以此为宗旨，包括绘画、手工、美术欣赏等方面的美术创意内容。美工区具有以下特点：

① 创造性：在美术创意区，如图2-5，幼儿可以选择多种美术表现方式及多样化的美术工具材料，进行各种艺术表现和创造。

图2-5

② 综合性：由于美术创意区的材料、内容和形式是多样的，因此美术创意区中，无论是材料、内容还是表现形式都呈现出多元化、综合性的特点。

③ 转换性：经常与分享阅读区、表演区进行转换。

**5. 益智区**

幼儿期是脑部迅速发育和变化的时期，孩子的思维水平在这个时期也在不断地变化。因此，创设激发孩子思维潜能的益智区域能够有效促进孩子思维能力的不断发展。益智区包括棋牌、迷宫、数学、拼图、电脑、动手操作等。益智区具有以下特点：

⭐1 竞赛性：幼儿一般两两结对进行游戏，在游戏中往往要分出输赢。

⭐2 挑战性：由于益智区的内容往往与动脑、动手解决问题有关，在能力与思维发展上对孩子有一定的挑战性。小班以动手操作为主，如穿线板、系扣子等，中大班则在培养幼儿积极观察、记忆、思考，提高初步的推理和判断能力方面增加难度。

⭐3 性别差异性：存在较大的性别差异，表现为小班的女孩子比男孩更喜欢玩动手操作类的益智游戏，到了中、大班，男孩子则更喜欢玩益智游戏。

⭐4 转换性：很容易同科学区进行转换。

### 6. 建构区

积木、沙土、甚至纸盒、瓶瓶罐罐等都是孩子们百玩不厌的游戏材料，如图2-6，他们运用这些材料搭建着自己喜爱的各种物品及情景，表现着他们眼中的世界。建构区包括搭建类、插接类、沙土建构等。建构区具有以下特点：

⭐1 互动性：幼儿常与同伴进行协商、合作与分享。

图2-6

② 创造性：幼儿可在创造出各种各样的设施、建筑等。

③ 性别差异性：性别差异性比较明显的，所有的男孩几乎没有不喜欢玩建构游戏，而女孩子自愿选择玩建构游戏的就相对少些。

④ 相对吵闹：由于活动中玩具很容易倒塌或碰撞，因此区域中噪声相对较大，并容易干扰其他区域的活动。

⑤ 延展性：每次活动后，幼儿愿意将自己的作品隐藏或保留，并往往在下次活动时还继续完成上次的作品。

### 7. 表演区

孩子们眼中的世界与成人不同的是孩子们的世界是充满着童话色彩的。孩子对于音乐的感知也是非常强烈的，并且它们更多地喜欢伴随肢体语言去表现音乐和故事中所展现的形象，如图2-7。表演区可以满足孩子的这一需要。

图 2-7

它包括音乐区、戏剧表演等。表演区具有以下特点：

⭐1 娱乐性：表演区有自娱自乐的特点。

⭐2 互动性：幼儿会表现出较强的创造性，尤其是中大班幼儿，他们可以分工合作制作服装、道具等进行化妆表演，同伴间体现出较强的互动性。

⭐3 性别差异性：表现出极其明显的性别差异性，绝大多数的女孩子都比较喜欢玩表演区的游戏。

❓ 问题与思考

1. 举例说明幼儿园活动区课程都有哪些实践价值。
2. 幼儿园班级内的活动区应该有哪些类型？找出你班级的活动区设置存在的问题，并结合所学知识进行改革和调整。

# 第三部分

## 幼儿园活动区的设置及活动的指导与评价

# 一、活动区的设置

幼儿园活动区的设置包括活动区设置的基本理念、设置原则、活动区空间的安排与利用。

## （一）活动区设置的基本理念

活动区以其独特的教育价值，为儿童的发展服务，因此，它的目标、内容、实施中有许多不可或缺的基本理念需要引起我们的重视：

① 区域设置应科学有序，便于幼儿活动；

② 区域设置应是动态的，并随着幼儿活动内容、活动需要或教育目标的变化而变化；

③ 区域设置应形式多样，满足不同幼儿活动的需要；

④ 区域内容应丰富，多为幼儿提供自主选择的内容；

⑤ 区域内容要有利于幼儿创造力、想象力以及动手能力的发展和提高；

⑥ 要有较健全的幼儿活动观察，以便教师评价幼儿活动情况，总结和发现问题，及时改进和完善。

## （二）活动区设置的原则

活动区的设置既要考虑到幼儿的发展，又要考虑到幼儿园各方面的具体情况，使之形成具有园本特色的兼具艺术性、教育性、发展性、多样性的有特色的空间，促进幼儿的发展。

**1. 创设与儿童身心发展相适应的和谐的环境**

3-6岁幼儿有独特的身心发展规律和特点。活动区的设置应充分遵循幼儿身心发展规律和特点，使他们感到舒适、安宁、轻松、快乐，满足幼儿好奇、好动、好探究的欲望。

**2. 创设与幼儿审美要求相适应的充满童趣的环境**

幼儿虽小，但对美的事物也有追求。因此，教师活动区的设置中要研究空间的形状、体积、结构，使之形成一个造型美观、色彩和谐、便于幼儿开展活动表现出童趣美的整体环境。

**3. 创设有利于激发幼儿不同潜能的多元智能环境**

研究表明，人类在出生之前就已具有各种智能发展的基础，创设一个有利于激发孩子潜能的多元智能环境对于孩子的终身发展相当重要。这要求教师既要对活动区域的功能有清楚的认识，也要了解本班幼儿的兴趣、水平和需要，并且逐渐把集体活动内容融入到活动区活动中，使他们与区域同伴共同学习、共同操作、共同探索，从而得到发展提高。

**4. 创设与不同幼儿发展水平相适应的多样化的环境**

由于幼儿的发展水平有很大的差异，因此，活动区的设置应根据幼儿的发展水平与需要随时补充或更换，如果空间不足，最好能随时展开或收拢。每个区域所提供的一些基本材料要丰富多样，符合孩子们的操作水平，既能满足幼儿个别活动的需要，又能激发孩子们的操作兴趣，使区域真正成为孩子们喜爱的天地。

**5. 创设与幼儿年龄发展特点相适应的安全的环境**

幼儿年龄小，自我保护意识差，教师要把对材料的安全和卫生要求始终放在首位。区域材料要采用固定性比较好、不易破碎、无毒、无细小零件脱落的，自制材料要尽可能做到坚固、轻巧、美观、无锐利边角，使用前应先将这些材料进行清洗消毒，定期更换，让幼儿活动时有安全感和舒适感。

**6. 创设与幼儿园现有条件相适应的富有特色的环境**

由于幼儿园的房舍设备、经济条件有很大的差异，因此，在创设活动区时，不能盲目模仿照搬，而应充分利用现有的条件来设置活动区域。经济条件好的幼儿园，可以多投入资金，创设科学、合理、完善的区域；而经济条件比较差的幼儿园，就尽可能地多选用低价的、替代性的材料，或更多地利用废旧物进行改装美化。

## （三）活动区空间的安排与利用

活动区的空间安排一般有两种，一种是开放式的，另一种是区隔式的。这两种空间安排对幼儿的游戏行为有不同的意义：开放的空间便于幼儿进行团体规则性游戏、平行游戏、大肌肉运动的游戏；而区隔的空间则便于幼儿开展多种组群的合作性游戏，以及通过操作进行的探索性游戏。

**1. 空间的分隔**

（1）开放式空间

开放式空间是根据班级人数安排桌椅，玩具和材料装在小筐里，放在靠墙的柜子里，游戏时桌椅可以进行随意组合。幼儿游戏时根据需要从柜子里连筐取出玩具材料，或放在桌子上玩，或放在地上玩。这种安排比较灵活，其缺点是幼儿只能局限于从规定的游戏柜里取出玩具，自由选择的机会有限，同时，这种空间进行自由游戏时的噪声较大。

（2）区隔式空间

区隔式空间是根据活动的不同类别用不同的区隔方式将空间分隔成若干区域。玩具和材料分别固定在各个区域内，游戏时幼儿可根据需要自行选择区域，直接作用于材料。一般来说，区隔物必须轻便、灵活，易于变化，能为幼儿的游戏需要提供方便。常见的区隔物有以下几种形式：

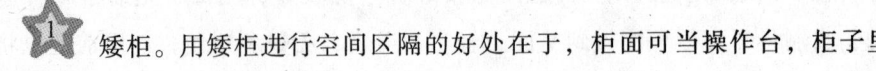
矮柜。用矮柜进行空间区隔的好处在于，柜面可当操作台，柜子里

可放置需要的玩具材料，柜子较矮而不会阻挡幼儿的视线，便于幼儿对各个区域的选择和适当的流动。一般来说，用柜子进行区隔的空间相对固定，经过一段时间以后也可以将柜子重新组合，进行区隔调整。

★② 布帘或屏风。布帘或屏风可以作为某一区域的门，幼儿或许喜欢拉上布帘或打开屏风，使这个区域相对封闭，在里面进行安静的游戏，也可以将布帘拉向一边或将屏风合拢，使这个区域与其他空间相连，便于游戏需要时在区域之间进行流动，如图3－1。

图 3－1

## 2. 空间的利用

幼儿园中每个班级有一个相对独立的单元，除了主要的活动室外，其他空间在传统看来属于非活动空间，在这里也可以充分利用，发挥区域的功能。一般来讲，有以下的空间还可以作为活动区利用的空间：

★① 寝室。寝室在白天利用的时间很短，如果活动室空间有限，寝室完全可以为幼儿的游戏开放。可将幼儿午睡用的床做成抽拉式或活动式，午睡时打开，而其他时间则可收拢集中到一起，以腾出更多的空间供幼儿游戏。

★② 盥洗室。如果没有专门的玩水设施，且盥洗室又比较大，那在自选游戏时间里，盥洗室里面可以放置一些玩水工具和材料，幼儿便可以在这里尽情地玩水。

③ 走廊和过道。幼儿园的走廊是同一楼层各班的公共地带，如果走廊有一定的宽度，则完全可以设置成活动区域，成为活动室的延伸，并扩大幼儿的交往范围，如图3-2。

④ 门厅。门厅是全园的公共地带，如果有些游戏设施安排其间，为各班幼儿在此游戏提供开放活动的机会，特别是在离园时，不同班级、不同年龄的幼儿可以在家长的陪同下在此做亲子游戏。

⑤ 楼梯拐角和楼梯下面。为使楼梯拐角和楼梯底下不成为死角，教师可以进行各种巧妙的设计，如将拐角设计成娃娃家，将每个门庭的楼梯拐弯处设计成森林小屋等各种区域，便可扩大幼儿游戏的空间。

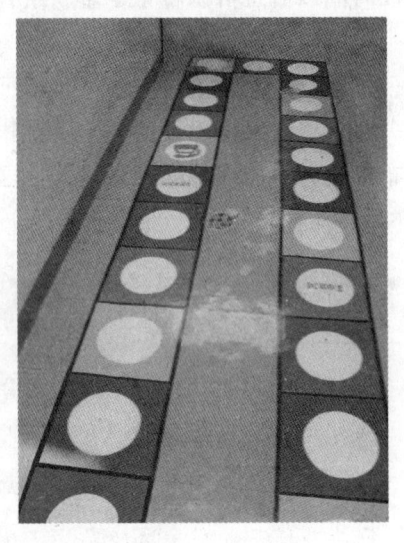

图3-2

⑥ 双层空间。活动室人多空间小，在活动室空间高度允许的情况下，适当增加双层空间，可以解决或缓解这一矛盾，如图3-3。同时，这种空间还会增加幼儿游戏的兴趣，使幼儿增添新的体验。

图3-3

## 3. 各年龄班活动区配备参考

### 小班活动区

| 序号 | 区域 | 名称 | 规格型号功能 | 数量 | 备注 |
|---|---|---|---|---|---|
| 1 | 角色区 | 玩具柜 | 110×35×70(cm)敞开式 | 3个 | 材料要环保，区域摆放可根据小班幼儿实际情况进行规划，便于幼儿取放 |
| 2 | 美工区 | 操作台(桌) | 110×60×50(cm) |  | |
| | | 玩具柜 | 110×35×70(cm)敞开式 | 2个 | |
| | | 椅子 | 根据需要配备 | 若干 | |
| 3 | 操作区 | 桌子 | 根据需要配备 | 2个 | |
| | | 椅子 | 根据需要配备 | 若干 | |
| | | 玩具柜 | 110×35×70(cm)敞开式 | 2个 | |
| 4 | 语言区 | 书架 | 110×30×90(cm)三层书架 | 1个 | |
| | | 玩具柜 | 110×35×70(cm)敞开式 | 2个 | |
| | | 坐垫 | 30×30(cm)软垫(也可用椅子) | 3个 | |
| 5 | 建构区 | 玩具柜 | 110×35×70(cm)多格式 | 1个 | |
| | | 地垫 | 50×50(cm)泡沫地垫(或地毯) | 若干 | |

### 中班活动区

| 序号 | 区域 | 名称 | 规格型号功能 | 数量 | 备注 |
|---|---|---|---|---|---|
| 1 | 角色区 | 玩具柜 | 110×35×80(cm)敞开式 | 2个 | 区域设备设施材料要求环保、安全、适合幼儿使用 |
| 2 | 益智区 | 桌子 | 根据需要配备 | 2个 | |
| | | 椅子 | 根据需要配备 | 若干 | |
| | | 玩具柜 | 110×35×80(cm)敞开式 | 2个 | |
| | | 椅子 | 根据需要配备 | 若干 | |
| 3 | 科学区 | 操作台(桌) | 高60cm，台面大小根据需求设立 | 1个 | |
| | | 玩具柜 | 110×35×80(cm)敞开式 | 2个 | |
| | | 画架 | 架高110cm 画板50×50(cm) | 2个 | |

续表

| 序号 | 区域 | 名称 | 规格型号功能 | 数量 | 备注 |
|---|---|---|---|---|---|
| 4 | 美工区 | 操作台(桌) | 120×50×60(cm) | 1个 | 区域设备设施材料要求环保、安全、适合幼儿使用 |
|   |   | 玩具柜 | 110×35×80(cm)通透式 | 2个 |   |
| 5 | 语言区 | 书架 | 110×30×100(cm)三层书架 | 1个 |   |
|   |   | 玩具柜 | 110×35×80(cm)敞开式 | 2个 |   |
|   |   | 地垫 | 30×30(cm)软垫(也可用椅子) | 若干 |   |
| 6 | 建构区 | 玩具柜 | 110×35×80(cm)敞开式 | 1个 |   |
|   |   | 地垫 | 50×50(cm)泡沫地垫(也可用地毯) | 若干 |   |
| 7 | 表演区 | 玩具柜 | 110×35×80(cm)敞开式 | 1个 |   |

大班活动区

| 序号 | 区域 | 名称 | 规格、型号、功能 | 数量 | 备注 |
|---|---|---|---|---|---|
| 1 | 角色区 | 玩具柜 | 110×35×90(cm)通透式 | 2个 | 区域设备设施材料要求环保、数量能满足班级幼儿游戏需求 |
| 2 | 益智区 | 玩具柜 | 110×35×90(cm)通透式 | 2个 |   |
|   |   | 椅子 | 根据需求配备 | 若干 |   |
|   |   | 桌子 | 根据需求配备 | 2个 |   |
| 3 | 科学区 | 操作台 | 高65(cm)，台面大小根据室内面积和操作需要设计 | 1个 |   |
|   |   | 椅子 | 根据需求配备 | 若干 |   |
|   |   | 玩具柜 | 110×35×90(cm)敞开式 | 2个 |   |
| 4 | 美工区 | 画架 | 架高110(cm)，画框55(cm)见方 | 1—2个 |   |
|   |   | 作品展示架或板 | 根据需求配备 | 1个 |   |
|   |   | 操作台(桌) | 120×60×55(cm) | 1个 |   |
|   |   | 椅子 | 根据需求配备 | 若干 |   |
|   |   | 玩具柜 | 110×35×90(cm)通透式 | 2个 |   |
| 5 | 语言区 | 书架 | 110×30×110(cm)三层书架 | 1个 |   |
|   |   | 玩具柜 | 110×35×90(cm)敞开式 | 2个 |   |
|   |   | 地垫 | 30×30(cm)软垫(也可用椅子) | 4—6个 |   |

续表

| 序号 | 区域 | 名称 | 规格、型号、功能 | 数量 | 备注 |
|---|---|---|---|---|---|
| 6 | 建构区 | 玩具柜 | 110×35×90(cm)敞开式 | 1个 | 区域设备设施材料要求环保、数量能满足班级幼儿游戏需求 |
| | | 地垫 | 50×50(cm)泡沫地垫(也可用地毯) | 若干 | |
| 7 | 表演区 | 玩具柜 | 110×35×90(cm)敞开式 | 1个 | |
| | | 表演台 | 自制 | 1个 | |
| 8 | 数学区 | 操作台 | 120×60×55(cm) | 1个 | |
| | | 椅子 | 根据需求配备 | 若干 | |
| | | 玩具柜 | 110×35×90(cm)敞开式 | 2个 | |

**4. 大班活动室区域设置案例**

大班的活动区域包括：角色区、益智区、美工区、语言区、建构区、表演区、科学区等。教师在规划设计班级活动区域的时候，要坚持动静分开、干湿分开的原则，采用开放、半开放、封闭的形式，充分发挥活动室内的有效资源，最大限度地满足幼儿的活动需求，保证活动质量。

规划一：以活动室中心为界划分，形成动态用水、动态不用水、静态用水、静态不用水四个隔断，如图3-4(a)。每个隔断内的面积可根据活动内容多少、幼儿参与情况适当调整。

规划二：动态用水区为半开放性质，内可设置科学区、美工区等区域，投放玩沙、玩水、种植、水墨画等活动内容，安排应靠近盥洗室，方便幼儿取水、清理活动场地。科学区与美工区之间可用有穿透效果的玩具柜或教师自制的栅栏等分开。

动态不用水区为开放性质，内可设置建构区等区域，投放各种积木、木工、废旧材料等。场地的安排相对要大一些，便于幼儿进行搭建等创造活动。

静态用水区与动态用水区相邻，靠近盥洗室，为半开放性质。内可设置美工区等区域，投放符合大班幼儿年龄特点的活动内容，如：粘贴、吹画、陶泥等。

静态不用水区与动态不用水区相邻，靠近活动室的窗户，光线好，为封闭性质。内可设置语言区、角色区、益智区等区域。投放各类图书、靠垫、益智

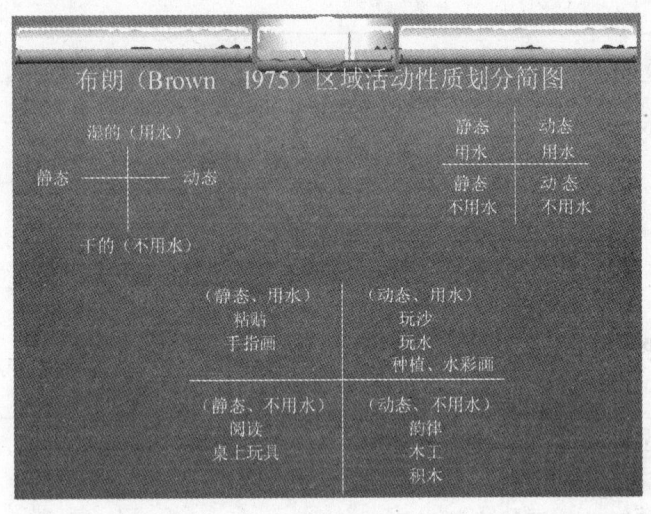

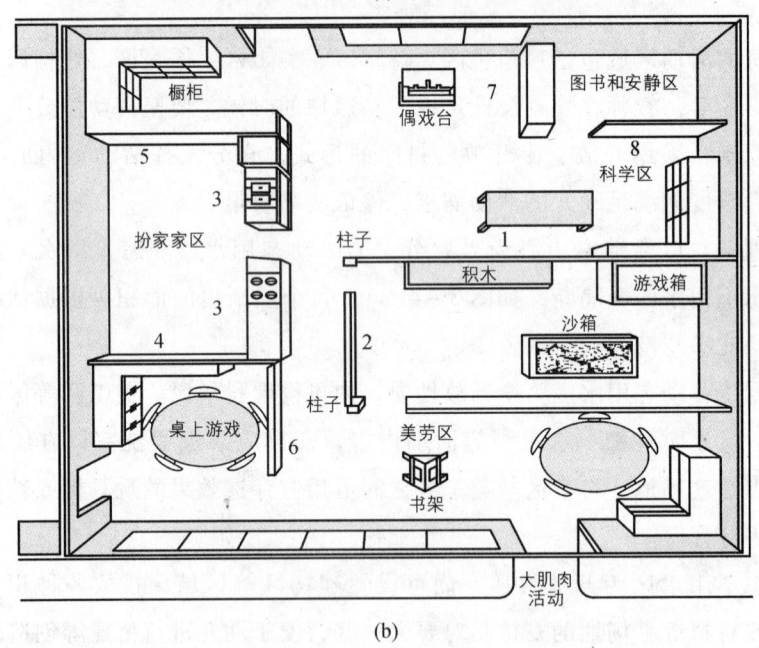

图 3-4

材料等,组织幼儿开展阅读、修补、制作、益智操作等活动。

规划三:表演区可设置在寝室或走廊、门厅等处,以不影响其他幼儿活动为原则。

规划四：角色区的内容可根据幼儿的经验和教学情况进行，可同时容纳1—3项活动内容，如：银行、医院、商店等。每个内容之间有开放式的隔断，方便幼儿之间交流、合作、沟通。

规划五：区域之间要留有通道，保证幼儿的活动秩序和区域之间的交流、选择等，如图3-4(b)。

## 二、活动区教育计划的制订

为避免活动区活动的随意性，在开展活动区活动的过程中，要按照《幼儿园教育指导纲要(试行)》中的具体要求，结合本园的实际情况，本班幼儿的年龄特点、实际发展水平、个体差异，制订活动区的教育计划，并依据计划有目的、有重点地开展活动区活动。活动区的教育计划一般分为学期教育计划、月教育计划和周计划。

### （一）学期计划

制订学期计划可以从现状分析、总体目标、具体方法与措施等几方面进行考虑，活动区的学期计划可以与幼儿园的整体课程计划同步制订，标明哪些内容需要采用集体的教育形式，哪些内容需要在区域中完成，不必制订单独的活动区课程计划。

**1. 现状分析**

针对本班幼儿在各方面的发展情况，本班活动区活动开展的情况及存在的问题做全面客观的分析，这是计划中的基础环节。

**2. 总体目标**

在现状分析的基础上，根据学期总的教育目标，拟定出本学期活动区活动的总体目标，即在活动区中完成哪些任务，达到什么水平，这是计划中的重点环节。

**3. 具体方法与措施**

学期计划还应该考虑围绕总体目标在区域设置、材料提供、活动组织、时间安排、指导评价等方面，通过什么方法、手段，如何进行安排、调整来实施计划。

## （二）月 计 划

由于活动区课程内容有很多是在活动区课程实施过程中生成的，因此，制订活动区的月计划可以包括月教育目标、月调整目标、活动内容、调整内容、投放材料、材料调整、指导重点、评价等七个部分。

**1. 目标制订** 是把学期的活动目标分解到月目标中，使活动区活动按目标的需要完成学期任务。比如：学期目标中的"培养幼儿良好的阅读习惯"这一任务，可在月计划中把目标分解成：第一个月："培养幼儿学会一页一页从前往后看书的习惯"、第二个月：在第一个月培养目标的基础上"培养幼儿学会看书的基础上尝试讲述图片的主要内容"等，把学期目标逐个分解，直至完成。

**2. 目标调整** 是指在月计划执行过程中，通过对活动的观察与评价，对目标中过深或过浅的地方进行及时调整，也体现出幼儿园活动区课程是一个相对动态的课程。如：在原月计划的目标中制定了"完整讲述图片的主要内容"的目标，但在活动过程中，发现大多数幼儿都很难完成，这时就及时调整目标为"能说出故事中的主要角色，并学说角色间的对话。"

**3. 活动内容** 根据不同年龄阶段、不同区域的活动目标，教师可以在观察了解孩子发展水平、兴趣指向和活动特点的基础上，设计具体的活动及游戏内容。

**4. 调整内容** 活动内容不仅要考虑教师预设目标的主要活动内容，还要考虑随着目标的调整做相应的变动。例如：调整目标中增加了"培养幼儿在观察的基础上学会对水果、干果进行分类"，那么教师就可以在科学区增设"水果娃娃找朋友"的活动内容。

**5. 材料投放** 应根据月计划中具体活动内容提供材料。如：月计划中要求幼儿掌握使用筷子的方法，教师就可以在"操作区"为幼儿提供筷子、海绵球、豆子等材料，为幼儿提供操作练习的条件，使其通过活动达到目标要求。

**6. 材料调整** 计划执行过程中，根据幼儿的要求和活动完成情况对材料做到及时调整。例如：幼儿在玩角色游戏时，喜欢请小班的孩子当宝宝，那么家中的小娃娃玩具就不需要提供太多。

**7. 指导重点** 每个活动区域都有一定的教育目标，在计划中可按幼儿的能力、材料的生疏、目标要求等方面，有侧重地列出指导要点。如：在益智区增加了棋类，那么指导重点就应放在益智区。

**8. 评价** 每个月末，教师可以围绕幼儿在活动区中完成任务的情况、材料设置的适宜情况、区域分割的合理性、教师的指导状况等方面进行评价，评价包括以下几方面：幼儿活动情况、教师指导的情况、区域设置情况、材料投放情况、目标完成情况等。

## （三）周计划

为保证活动区教育取得预期的效果，必须根据月计划来确定周计划，将月计划分解体现为教师每周的课程计划，一般以表格的形式呈现，达到直观细致为宜。活动区周计划内容有：重点开放的区域与目标、重点指导的内容、增添的材料及相关资源、指导要点等。

# 三、活动区材料的提供

心理学家皮亚杰指出：一个被动的观察者无法得到知识，必须通过在分析各种活动中自选挖掘或建立知识。可见，幼儿的主动活动与教师根据目标设计的活动环境及投放的材料之间有着密切的关系，活动区材料的投放是决定幼儿活动的重要因素之一，它直接影响着幼儿的兴趣，使幼儿在游戏中巩固学到的知识和技能，增强学习的效果。

## （一）活动区材料的开发

材料是幼儿活动的对象，材料是否有意义、具有操作性，直接与幼儿能否主动参与活动有很大影响。幼儿在操作、摆弄材料的过程中，建构自己的认知结构，动手动脑，不断想出对材料的新玩法，把所有的感官都投入到活动中，仔细观察、发现问题、思考问题，解决问题。这样的过程，可以激发幼儿活动的兴趣，发展他们的智力。那么，活动区的材料从何而来呢？那就需要教育者时时做个有心人，处处寻找有用物。

### 1. 材料的收集

活动区材料的收集途径包括：

（1）生活中寻找

教育来源于生活，幼儿教育要与幼儿的生活紧密联系。生活中可以找到许多适合幼儿活动区活动的材料，瓶子、盒子、绳子、筷子、石子、沙子、种子、纽扣、夹子、贝壳等一些常见又不起眼的物品，都可收集作为幼儿活动区活动的材料。

（2）变废为宝

教育来源于生活，幼儿教育要与幼儿的生活紧密联系。生活中可以找到许多适合幼儿活动区活动的材料，瓶子、盒子、绳子、筷子、石子、沙子、种子、纽扣、夹子、贝壳等一些常见又不起眼的物品，都可收集作为幼儿活动区活动的材料。

（3）幼儿收集

活动区是孩子们自己活动的地方。让幼儿亲自参与活动区材料的收集，才能充分体现他们在活动中的自主性，从而真正成为游戏的主人。收集前，让幼儿明确收集的目的，引发收集的愿望。收集后，集中讨论材料的投放及玩法。例如，收集各种各样的种子，用它们作画，如图3-5。这样不仅能增强幼儿对活动区活动的兴趣，而且能增强幼儿的责任意识，更能促进幼儿创新能力的发展。

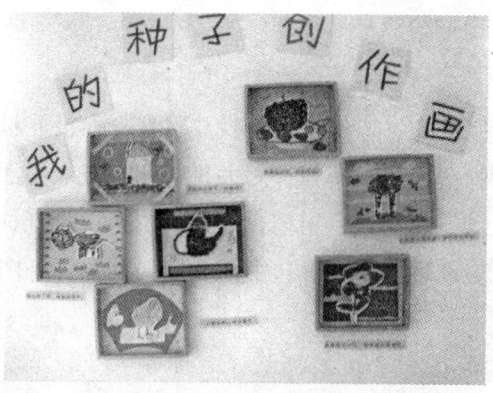

图3-5

（4）家长参与

家长是我们最重要的合作伙伴。幼儿园活动区材料的收集也应该充分利用家长的资源。通过家长会、家长开放日、宣传栏、谈话等，使家长从了解到认同、从认同到支持，从支持到直接参与活动。家长的参与，不仅能使活动区的材料更加丰富多样，也更能使活动趋向成熟和成功。

（5）建立材料库

材料收集的过程中，可以随时建立一个材料库，如用纸箱、口袋等将材料集中起来。这样，既避免把材料弄得到处都是，也可以激发幼儿收集材料的兴趣。

### 2. 材料的归类

在材料收集过程中，要注意材料的归类，这样既给幼儿活动提供方便，又挖掘了材料的价值。归类的方式很多，可以按质地归类，如软的、硬的；可以按种类归类，如纸制品、塑料制品、木制品；可以按操作性归类，如可变材料、不可变材料等。把不同类别的材料分别装在不同的工具箱或者是材料袋中，可以给活动区活动的顺利进行提供物质方面的保证。

### 3. 投放材料的原则

在收集活动区材料时，要考虑到材料的可用性，并加以选择。可以从以下几个方面来考虑：

（1）材料与教育目标的关系

材料是为目标服务的，要依据目标投放材料。在投放材料时，应考虑到近期目标与远近目标的结合问题。如针对大班幼儿即将入小学的具体情况，可在操作区中为幼儿提供一些纸张、铅笔、剪刀、胶水、装订机等工具和材料，使幼儿在操作这些材料的过程中掌握包书皮、削铅笔、修补图书等入小学的基本本领。

（2）材料的适宜性

首先，收集的材料要考虑到安全性，要时刻注意使材料符合安全卫生要求。在投放前要先教育幼儿材料中细小的珠子、扣子、豆子等不放入口、鼻、耳中，帮助幼儿正确掌握材料的使用方法。其次，收集的材料要符合幼儿年龄特点，要适合他们发展的需要，能被幼儿能力所接受。另外，收集的材料要能够吸引幼儿，如色彩鲜艳、美观精致、实用性强，能激发幼儿活动愿望，激发幼儿主动探索的积极性。

（3）材料的多用性

教师要了解活动区中每一种材料的教育功能。在利用这些材料时，尽量使其全部教育功能得以发挥。如扣子，钉在衣服上可以用来练习系扣子，和火柴棒结合可练习拼摆，和数字结合可以用来点数，不同大小、颜色的扣子可练习排序，装在瓶子里可以制作响筒，还可以制小花瓣、小动物的眼睛等。

## (二)活动区材料的运用

**1. 材料运用的原则**

活动区是教师有目的、有计划地投放材料,创设环境,幼儿自主学习、自主探索、交往的场所。因此,在活动区材料选择运用中,应遵循以下几个原则:

(1)教育性原则

指活动区中投放的材料能够使幼儿增长知识、培养技能、激发情感等。活动区中各个活动区材料的投放既要考虑本班幼儿的年龄特点,又要与所要达到的教育目标紧密联系,材料是为实现教育目标服务。如小班生活区某阶段的教育目标是训练幼儿的手指手腕和手眼的协调性,就可投放一些系解扣子、夹海绵块、穿木珠等活动的操作材料

(2)科学性原则

指活动区投放的材料必须具有科学因素。如在科学区中,为让幼儿理解水是一种无色、无味、无形的液体,就要为幼儿提供几个大水箱和各种的不同形状的透明容器,使幼儿通过盛、舀、倒、闻等探究过程来了解和发现水的特性,如图3-6。

图 3-6

(3)层次性原则

指活动区投放的材料既要考虑到不同年龄阶段幼儿的不同发展水平，又要考虑到不同幼儿的不同需要，以便于不同水平的幼儿按自己的需要进行选择。如益智区"配对"练习材料，可以是大小瓶盖与瓶子的匹配（大小配对）；可以是数板与数形的匹配（形状配对）；也可以是圆点卡与数字的匹配（数量配对）。又如，剪纸练习区，可以从随意剪纸—剪粗条纸—剪细条纸—剪曲线条纸；从剪报纸—剪吹塑纸—剪包装纸；从剪纸—剪布—剪麻布等等。材料不同，难易度不一，可以充分满足不同发展水平幼儿的需要。同时，教师要对不同发展水平的幼儿提出不同的操作材料的要求。如同样是排序，对于能力强的幼儿可要求其自由排序或按几种特征同时排序，而对于能力差的孩子，可按图例排序或只按一种特征进行排序。

(4) 递进性原则

指活动区材料的投放要有计划。根据幼儿学习的特点和认知发展规律，应分期分批、由易到难、由简到繁投放，使幼儿在不断变换的环境中获得发展。如大班的黄土制作，可将区域分别设置成加工间、色彩间、创意间。第一周可提供黄泥，让幼儿参与"和泥"的工作；第二周提供泥团，引导幼儿进行作品造型和风干；第三周提供各种颜色，引导幼儿将做好的作品上底色；第四周提供一些原型和范例，引导幼儿进行图案的设计、加工、色彩的搭配等。

(5) 准确性原则

材料的丰富性并不能保证材料的有效性，而且材料也不是越丰富越好。太多杂乱无章的材料堆砌不仅是一种资源浪费，而且对儿童来说，这样的环境有可能成为"视觉污染"，使儿童无法专注于一个活动。因此活动区重要的不是提供多少材料，而是提供什么样的材料，使儿童能在与材料的互动中得到更好的发展。

(6) 多样性原则

在区域活动中，幼儿使用的材料不应限于教师摆出来的那些材料。因此，教师可设置材料库，将各种平时收集来的和更换下来的材料分类放置，如图3-7。当幼儿在活动中对某一活动显示出特别的兴趣和特长时，教师就可以提供更多的相关材料，以鼓励幼儿进一步探索尝试，幼儿也可以根据自己的需要到材料库自选材料，凸显区域活动的个别化教育功能。

(7) 经济性原则

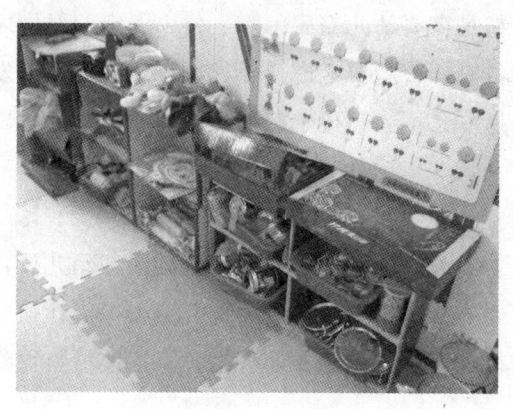

图 3-7

指活动区投放的材料要注意其内在价值的挖掘,而不应把外表的精美和花钱的多少作为衡量标准。因此,我们更提倡教师和幼儿共同收集和自制材料。

**2. 材料选择的要点**

(1) 选择趣味性材料以激发幼儿的探究欲望

所谓趣味性材料是指具有隐秘性、新奇性的材料。隐秘性材料是孩子们看得见却摸不到、看不见却摸得到、看不见却听得到的材料。如万花筒等。这类材料会增强孩子们的操作兴趣,增强学习的效果。

(2) 选择相似性材料以延长探究时间

所谓相似性材料是材料的形状相似、颜色相似、大小相似、特征相似,如动物拼图等。幼儿在操作这类材料时,需要仔细观察与辨别、反复尝试、不断思考,因此能够延长探究的时间,增强幼儿活动的持久性。

(3) 选择可变性、可移动性材料训练幼儿思维的灵活性和创造性

所谓可变性材料是指材料的玩法或操作有很多的方法,或材料本身可以变形,这些材料的操作需要孩子的联想能力、创造能力及思考的能力,孩子随心所欲地进行活动而不致出现重复厌倦的情绪。如魔方、动物插塑、软管、电线等。所谓可移动材料是指可以改变位置的材料,如板条、纸盒箱、轮胎、沙、水、棋类玩具等。这些材料都有助于幼儿在任意组合中尽情地想象,并在想象中变化着花样,从而培养幼儿的创造力。

(4) 选择障碍性材料增强幼儿探究的深度

所谓障碍性材料是需要幼儿克服困难、付出一定的努力才能完成操作的材料。在提供这类材料时，教师要考虑孩子的现有水平和最近发展区，既不能让孩子操作起来太容易，又不能让孩子感到太难而放弃，而是要帮助幼儿搭建发展的阶梯。

（5）选择工具箱以激发幼儿的自由探索

在提供多样、多元、多动、多变材料的基础上为幼儿设置工具箱，工具箱中有各种孩子所需要的材料工具，如放大镜、剪刀等。让孩子在遇到困难时自己选择工具材料进行探究，得到想要的答案，真正使材料得到动态利用。

## 四、活动区活动指导

从创设活动区到全面开放活动区，从幼儿无目的地玩到自由选择、自主活动、自由交往都需要教师的直接或间接的指导。但由于一些教师不重视区域活动的指导，致使在指导方面存在不少问题。如教师缺乏对理念的全方位理解，在处理游戏与学习的关系上有偏差；在活动中充当的是"知识的传授者、纪律的维持者、矛盾的调节者"的角色，未能注重观察了解幼儿活动情况，给予适时、适宜、适度的指导，指导的随意性强；置身参与和孩子们共同活动的少，走马观花巡视的多，不能引发孩子主动参与活动的兴趣；直接指导的多，间接指导的少等。这些都会直接影响到活动区活动的效果。因此，作为教师，应把握指导中的原则和策略，才能有效促进儿童的发展。

### （一）活动区活动指导的原则

**1. 树立正确的理念，把握教师角色**

首先，教师要以正确的教育理念指导活动区活动。活动区活动是以儿童个别化学习为前提的，教师应充分认识到活动区的意义是在于鼓励并提出幼儿自主达成个别化学习的机会，确立了这样的理念才能使区域活动的设置成为

"有源之水"。教师在组织活动的过程中，应相信幼儿的探索学习能力，要依据幼儿的能力、需要及兴趣来设计活动区，把它布置成开放式、适宜幼儿活动的环境。让幼儿依自己的意愿选择活动，依自己的能力去认识事物。教师有了这样的认识后，就会正确引导幼儿，幼儿也会因此享受到自主学习的乐趣。

其次，教师在区域活动中要把握自己的角色。区域活动幼儿是主体，教师是观察者、指导者、合作者。教师是观察者，需要关注幼儿的情绪行为，不随意干扰、随意评价、随意指手画脚，当发现幼儿独立活动产生困难时，给予适当的帮助。教师还是引导者，参与者，协作者，将教育目标藏而不见，与幼儿亦师亦友，也可以和幼儿在某个区域玩，并把握好介入及退出的尺度。作为协作者，当发现幼儿在活动产生困难时，教师要给予适当的帮助，但并不是代劳。

### 2. 以观察为依据，把握指导的时机与分寸

教师要注重观察，在观察的基础上予以适时、适宜、适度的指导。首先应对幼儿想做什么、怎样做和幼儿有可能怎样做要有心理准备。其次，观察了解在前，指导在后，通过观察，了解幼儿当前已有经验，理解幼儿活动意图、思维方式、并对幼儿的活动水平做出正确的诊断，在此基础上给予适时、适宜、适度的指导。

**适时**，即指导的时机要考虑到幼儿当前活动的需要。如当幼儿遇到困难、缺少活动材料、探索的问题难以深化或发生争执时，教师要予以及时的支持与帮助。另外，活动即将结束时，教师要提出值得大家讨论的问题，以帮助幼儿整理、归纳、提升已有感知经验，并形成一些新的概念或获得一些新的知识。

**适宜**，即指导要考虑到幼儿的年龄特点、实际需要，并结合不同幼儿的个性特点和个别差异进行有针对性的指导。指导时，要注意保护、激发幼儿的游戏兴趣，必须尊重幼儿的意愿，不能改变幼儿游戏中的主体地位，不能抑制幼儿的创造性。依据幼儿的不同需要给予适当的帮助。

**适度**，即指导时应把握一定的分寸和"度"。教师指导要留有余地，要相信孩子能行，不把他们看成是"无知无能"的弱小群体，而是一群非常能干、富有创造性的小主人。要学会等待，不要直接把答案告诉幼儿，尽量让孩子自己去学习、去探索、去发现。

## （二）活动区活动指导的策略

### 1. 建立必要的常规，变直接干预为隐性指导

活动区活动，如果没有一些规则的约束，放任孩子的天性，易使他们养成一些坏习惯，也不利于活动目标的达成。活动规则的建立，不仅可以培养孩子的积极性、主动性，而且还能培养孩子的自律行为和责任意识。活动区规则主要有以下种类：

（1）限定人数的规则

活动区建立后，要根据区域的大小、材料的多少来限定人数。如某区最多容纳5人，那么可在区域中挂上5个小手牌，入区时，摘下手牌戴在手上，出区时将手牌挂回原处。

（2）取放、使用、收拾材料物品的规则

 爱护各种材料、物品，轻拿轻放；

 不抢占别人正在操作的材料；

 会整理材料，将用过的材料、物品放回原处；

 活动结束时快速收拾、整理物品；

 会正确处理活动垃圾。

（3）相互交往的规则

 活动时不影响和干扰别人；

 爱惜自己和别人的作品；

 学会协商、谦让、轮流和等待。

由于每个区有不同的活动要求，加之幼儿的生理、心理发展水平不同，规

则意识也有很大的差距,因此,教师应根据不同的活动区、不同的年龄班制定不同层次的规则。

小班:这个时期的幼儿自制力差,缺乏任务意识,活动的随意性很强。因此,教师要根据他们的年龄特点来制定相应的活动规则。规则要简单明了、具体形象,幼儿容易达成,如图书区摆放相应数量的小坐垫;积木区帖上相应数量的小鞋印;娃娃家提供相应数量的角色道具,如小领带、小围裙等。

中大班:这个时期的幼儿有了一定的自主性,并形成了一定的规则意识和任务意识,对于外加的约束,他们只能被动、暂时接受,不能成为自觉行为。因此,教师应引导他们共同协商、制定活动规则。活动规则确定后,可将规则通过图示、符号等表示出来,张贴到活动区的醒目位置,时时提醒孩子。如:为了让孩子遵守物品取放规则,可在区域的柜子、小筐上贴上相应的标记,使孩子明确各种材料的摆放位置,并逐步养成自己拿取、有序归放的良好习惯,如图3-8。这样就少了教师的说教,多了孩子的主动参与。大班末期,可让幼儿自己来制定规则,并引导幼儿用自己能理解的符号和文字将规则展示到区域当中。

图3-8

需要说明的是,规则并非是一成不变的。在活动过程中,教师应观察了解规则确定后幼儿对此有哪些反应,哪些规则效果较好,哪些规则效果不好,并引导幼儿共同参与修改,使之更为有效或适宜,并提高幼儿遵守规则的自觉性,减少教师对游戏的直接干预。

### 2. 以间接指导为主，尽量避免直接的指导

间接指导一是靠材料为媒介，当教师观察到大多数幼儿对某种材料已驾轻就熟且兴趣下降时，应及时投放新的材料，使幼儿从材料中获得探索学习的新的激情；二是靠问题为媒介，当幼儿在活动中出现学习兴趣疲软时，教师可以假设问题引导幼儿去继续探索、发现。如启发幼儿："为什么天平会倾斜，再放一上一个东西，看看会怎样"等，以激发其继续探索的欲望。

### 3. 把握难易及活动量的高低平衡

为年龄较小幼儿所提供的环境应单纯，而对于接受较快、年龄较大的幼儿应增加环境的复杂性。比如，一个塑料瓶或一个小桶是单纯的玩具，但如果配合压力阀、接水管、转轮就组织了一个复杂的学习环境。功能过于单纯或复杂都不利于幼儿学习动机的引发和注意力的维持，环境同时也必须提供平衡活动量的器材与空间。高活动量，必须有大肌肉运动的空间，如攀爬、跳跃等；低活动量，必须有小肌肉运动的环境，如拼图、拼插等。

### 4. 加强安全教育

由于活动区活动是采取个别或小组的形式，活动的空间又相对开放，因此在活动中，教师尤其要加强安全教育，确保幼儿安全。教师要注意观察活动场地和材料，及时清除不安全物品。在活动中，教会幼儿正确使用材料和工具，特别是学习掌握科学小实验器具、木工工具等的正确使用方法。在活动中，要时刻提醒和教育幼儿不把筷子、剪刀、游戏棒指向同伴，手中有物时，要轻轻地走，不要奔跑等。

## 五、活动区活动的观察与评价

活动区活动强调教师首先要在特定的区域里进行科学、系统的观察与指导，以便获得更加全面而有意义的信息。

教师在活动区中比在其他任何情况下更容易找到了解个别幼儿的技巧、能力、感情、理解力等的线索。在活动区中对幼儿的活动情况进行观察，不仅可以帮助教师弄清楚每个幼儿的长处、弱点和兴趣，还可以使教师更加清楚应当提供什么样的材料与机会去适合儿童的兴趣与需要，通过观察与记录幼儿的游戏行为，可以加深教师对幼儿的全面了解。只有在做这样的观察后，教师才有可能对幼儿活动的状况进行全面科学的评价，以促进幼儿更好的发展。从这个意义上讲，观察是评价的前提，而评价是诊断和改进活动区活动的手段，它们都是激励和引导教师依据《幼儿园工作规程（试行）》和《幼儿园教育指导纲要（试行）》，反思教育有效性的重要手段。

## （一）活动区活动的观察

生物学家达尔文说过："我没有过人的理解能力，也没有过人的机智，只是在发觉那些稍纵即逝的事物并对它仔细观察的能力上，我可能在众人之上。"这段话说明了观察对于成功的意义。

活动区活动为教师提供了观察幼儿的绝好机会。通过细致的观察和客观的分析，教师可以了解幼儿参与活动的状况，使用材料的情况以及交往等行为表现和认知水平，收集到许多有价值的信息。它们将有助于教师更好地了解幼儿发展上的个体差异性，深入地了解儿童的内心世界，进而更好地创设促进每个幼儿健康成长的环境。

综观目前幼儿园大多数教师在观察幼儿活动区活动中存在一些共性的问题，如：观察的随意性大、不深入、不细致，常常是走马观花的巡视，不重视观察中的记录，观察的形式和方法单一等等。显然，这样的观察是很不全面的，也是不客观、不科学的。只有在游戏现场运用各种观察记录方式，收集幼儿行为过程和日常经验的资料，依据对幼儿游戏行为观察资料的长期积累和综合分析，才能对幼儿身心发展作出尽可能全面、科学、准确而全面评价。

### 1. 进行分析性观察，掌握幼儿行为心理特点和一般活动能力

这是一种对幼儿在整个区域中的行为表现作详尽观察记录的方式。这种观察方式着重通过纪实性语言描述幼儿的行为特点和活动类型，记录幼儿在特定

活动中的具体行为和典型表现，并作为分析判断和评价幼儿活动的重要依据，见表3-1。

观察中，教师要具体了解幼儿都说了什么，做了什么，有什么动作表情，对活动的兴趣态度如何，特别是要了解幼儿是怎样开始活动的，在活动中遇到什么问题，又是如何解决的。在此基础上对幼儿作出客观的分析评价，通过对幼儿不同活动中所表现出来的不同兴趣，获得幼儿个别差异、个性特点、智力类型等方面的信息，作为分析、评价、帮助指导幼儿的依据。

这种观察一般在学期初、学期末或月初、月末进行。在观察中，确保对全班每个幼儿都观察一次，班上两位教师各观察一轮，相互对照，对幼儿行为作出个别差异的"诊断"，增强观察的准确性与一致性。

教师如能将观察评定加以横向对照，可以了解幼儿之间的不同；如进行纵向对照，则可以了解幼儿一学期来行为的发展变化和实际教育效果。这种跟踪式的个案观察，教师可以把它作为孩子成长记录的一部分，存放在孩子的个人成长档案中。

### 2. 进行扫描式观察，动态把握幼儿活动情况

在区域指导中，不要限于观察一次活动区活动中幼儿一时的行为表现，而应从幼儿一天或一段时间内的活动，观察幼儿的表现、分析幼儿的特点。要记录、了解幼儿一日（或一段时间内）活动区域情况。如：为准确地掌握幼儿每次活动所选区域，可根据幼儿的年龄特点设计各种幼儿入区记录卡（见表3-2）。小、中班幼儿，教师可将各区域设定标签，幼儿入区时，按自己的活动顺序把该区域相对应的标签粘贴到自己入区卡上的格子里。

也可由教师设计插入式入区记录板（见表3-3），幼儿画出自己的小头像或带来自己小照片，入区时，将自己的小头像或照片插入到有区域标志的栏目中。

大班的幼儿，教师可在各区域中准备一张幼儿入区记录表（见表3-4），幼儿自己将名字写在上面即可。

一天活动结束后，教师把以上的信息记录在汇总表里，便可进行分析了。

从统计表上，教师可以了解到的信息是很宽泛的。具体包括：

(1) 某一区域在一天内入区的人次，包括具体是谁，去了几次；

（2）某一幼儿在一天内入区情况，包括去了哪些区域，顺序怎样；

（3）哪些幼儿一天内始终在同一区域活动，很少或没有到别的区域活动，哪些幼儿换区频繁，都去了哪些区；

（4）幼儿对哪些区域的材料和活动感兴趣或缺乏兴趣等。

这些信息可以成为教师了解幼儿的活动情况、智能类型、性格爱好的依据，以便加强个别指导，同时根据以上情况不断地对区域进行调整和完善。

同时，需要注意的是，为了更真实地了解幼儿的活动状况，掌握第一手材料，使所获得的信息始终处于动态之中，教师要在第一时间了解幼儿活动概况。这就需要教师在幼儿活动中要进行随机观察记录，在观察的基础上用简单的文字或符号简明扼要、有侧重地记录幼儿活动的情况，如幼儿选择了什么活动区，玩什么材料，是否与同伴交往等状况（见表3-5）。

## （二）活动区活动的评价

活动区活动的评价是提高活动区活动质量的重要内容。通过评价，使活动区的设置更加合理，以保证教育目标的有效实现；通过评价，使活动区投放的材料更有价值；通过评价，可以了解幼儿，掌握幼儿的个别差异，因人施教，提高幼儿活动的效果，也可以帮助教师有效改进指导方法；通过评价，可以使幼儿园活动区教育更加科学化。

一般来讲，幼儿园活动区的评价常见的有两类，一类是活动区整体的评价，包括：计划与总结、区域的设置、材料的投放与调整、幼儿活动状况、教师指导状况、效果评价等；另一类是局部的评价，如活动区域设置的评价、幼儿活动发展的评价、某个区域的评价等。前者是让教师能够全方位把握活动区的整体状况，主要是静态的评价；后者是可以增强对某些薄弱方面或环节的关注，在以后的指导过程中不断调节和改善，侧重在动态评价。

### 1. 活动区活动的整体评价

活动区教育评价从活动的计划、区域的设置、材料投放与调整、幼儿活动状况、教师指导及活动后的评价六个方面进行整体评价(见表3-6)。

(1) 活动的计划

活动计划是活动区活动的基础，是对园所和班级活动区活动资源全方位的把握。计划有学期、月、周等计划，计划制订要合理，能从幼儿实际出发。计划制订还要考虑实施的时间和空间条件。

(2) 活动区的设置

从目标设置的合理性、趣味性和幼儿参与情况能否满足幼儿发展水平的全面性方面进行评价。

(3) 材料投放与调整

活动区建立后，还要对材料的投放与调整进行评估。考虑材料的丰富性、操作性、教育性和安全性。并能及时根据教育目标及儿童的需要，对材料进行更换和调整。

(4) 幼儿活动状况

活动区的评估，主要关注的应该是幼儿的活动状况，即幼儿在活动中的参与性、活动的积极性和对活动的选择性等。

(5) 教师指导

幼儿的活动区活动，离不开教师的指导。评价教师的指导作用应从教师指导的是否适时、适度以及教师在与儿童互动中的角色进行评价。

(6) 活动后的评价

教师不仅能从不同角度对儿童活动结果进行评价，更主要关注教师能否对活动的过程、策略、指导中的问题等进行反思，能否进行自我评价。

## 2. 活动区活动的局部评价

对活动区的某个方面进行评价可以帮助教师在指导过程中逐一深化对活动区的指导重点，从而各个击破，达到细致、全面、整合性的评价。一学期的活动区中，关注的重点可以有所侧重：如学期开始，最先关注活动区的设置(见表3-7)；学期中期，关注各个活动区内部的进展(见表3-8，以某中班的阅读区为例)；学期后期，主要落实到儿童的发展中(见表3-9)。

活动区设置是活动区活动进行的物质前提，这里包括活动区设置的合理性、材料投放的有序性，以及标志的清晰性等。教师可以根据本班的实际情况自行设计或增减(见表3-7)。

根据活动区目标,结合《幼儿园教育指导纲要(试行)》制定具体的评价标准,教师根据幼儿年龄可自行设计某个年龄某个活动区的评价标准。这里举例中班图书区的评价(见表3-8)。

幼儿发展的评价是活动区课程评价的重要组成部分和核心。为了能够真实了解和把握幼儿在活动区活动中的发展状况,指导教师可根据本园各年龄段区域活动目标进行细化和筛选,检验活动区课程的适宜性和效果,教师要注重并开展好幼儿发展评价。这里仅以大班年龄段为例,仅从主动性、社会关系、创造性三个指标进行列举(见表3-9)。

## (三)活动区活动评价工具包参考

表3-1 幼儿活动区活动观察记录表

| 观察时间 | | 班级 | | 指导教师 | | 幼儿姓名 | |
|---|---|---|---|---|---|---|---|
| 所在区域 | | | | | | | |
| 活动行为表现 | 对材料的选择和操作 | | | | | | |
| | 典型行为 | | | | | | |
| | 持续状况 | | | | | | |
| | 言语与行为表现 | | | | | | |
| 活动情绪表现 | 与教师关系 | | | | | | |
| | 与同伴关系 | | | | | | |
| | 能否主动发起活动 | | | | | | |
| | 活动的专注与持续水平 | | | | | | |
| 总体评价 | | | | | | | |

表3-2 幼儿入区记录卡

| 班　级 | | 姓　名 | | 时　间 | |
|---|---|---|---|---|---|
| 入区顺序 | | 入区情况 | | | |
| 1 | | | | | |
| 2 | | | | | |
| 3 | | | | | |
| 4 | | | | | |
| …… | | | | | |

说明：幼儿将区域标签粘贴到入区情况中。

表3-3 幼儿入区记录板

| 活动区域 | 幼儿入区情况 |
|---|---|
| 表演区 | |
| 建构区 | |
| …… | |
| …… | |

说明：在"幼儿入区情况"栏中可记录自己的学号或者姓名。

表3-4 ××区幼儿入区记录表

| 幼儿姓名 | 行为表现 |
|---|---|
| 1 | |
| 2 | |
| …… | |

表3-5 活动区随机观察记录表

| 观察时间 | | 班　级 | | 指导教师 | |
|---|---|---|---|---|---|
| 幼儿姓名 | | 活动情况记录 | | | |
| | | | | | |
| | | | | | |
| | | | | | |

表3-6 幼儿园活动区活动整体状况评价表

| 单位 | | | 时间 | | | |
|---|---|---|---|---|---|---|
| 评价项目 | | 评价内容 | 评价等级 | | | 记录 |
| | | | 好3分 | 中2分 | 差1分 | |
| 区域设置 | 目标的全面性 | 能体现各方面教育目标，活动内容全面、均衡（每班应包括健康、科学、语言、艺术、社会等方面的区域） | | | | |
| | | 适合幼儿（大中小）班的年龄特点 | | | | |
| | 设置的合理性 | 区域设置适合于各区域自身的特点，固定与不固定相结合 | | | | |
| | | 区域的设置有利于幼儿的参与，方便于幼儿活动 | | | | |
| | 设置的趣味性 | 区域设置具有幼儿特点，有趣味性 | | | | |
| 材料提供 | 材料的丰富性 | 材料足够幼儿操作使用，能吸引小朋友 | | | | |
| | | 有自制的玩教具及操作材料 | | | | |
| | | 能利用自然生活中的材料供幼儿活动 | | | | |
| | 材料的操作性 | 材料富于变化，适合于幼儿动手动脑 | | | | |
| | | 材料有游戏性，有探究的空间 | | | | |
| | 材料的教育性 | 材料与教育活动内容有密切联系 | | | | |
| | | 材料既能满足全体，又能照顾到个别 | | | | |
| | | 材料有利于引发、支持幼儿游戏 | | | | |
| | 材料的安全性 | 材料无毒无害，无安全隐患 | | | | |
| | | 材料卫生整洁 | | | | |

续表

| 单位 | | 时间 | | | |
|---|---|---|---|---|---|
| 评价项目 | 评价内容 | 评价等级 | | | 记　　录 |
| | | 好3分 | 中2分 | 差1分 | |
| 幼儿活动状况 | 幼儿的参与性 | 材料的提供有幼儿的参与 | | | | |
| | | 区域内有幼儿的作品 | | | | |
| | 活动的积极性 | 幼儿对活动区感兴趣，愿意参与 | | | | |
| | | 幼儿的活动有深度，幼儿能投入地探究 | | | | |
| | 活动的选择性 | 幼儿有选择区域的自由 | | | | |
| | | 在一日中幼儿有自由选择区域活动时间的机会 | | | | |
| 活动区活动计划 | 计划的科学性 | 有区域活动的计划（在周、日计划中体现） | | | | |
| | | 计划设计的科学、合理（集中活动、零散活动相结合） | | | | |
| | 计划实施的条件 | 一日活动中，区域活动的时间有保证（每天1~2小时） | | | | |
| | | 活动空间充足，区域活动有保证 | | | | |
| 活动区活动指导 | 指导的适时性 | 能根据孩子的需要去指导 | | | | |
| | 指导的适度性 | 提出的问题具有开放性，不包办代替 | | | | |
| | | 能正确引导幼儿的探究活动 | | | | |
| | 教师的角色 | 教师能充当观察记录者、参与者、合作者、支持者、指导者等角色 | | | | |

续表

| 单位 | | 时间 | | | |
|---|---|---|---|---|---|
| 评价项目 | 评价内容 | 评价等级 | | | 记录 |
| | | 好3分 | 中2分 | 差1分 | |
| 活动区活动评价 | 教师对区域活动有反思、自评 | | | | |
| | 有观察记录及问题解决策略 | | | | |
| | 能对自己组织的区域活动进行正确评价（包括分享、讨论、商议等） | | | | |
| 综合评语 | | 总成绩 _____分 | | | 等级 好□ 中□ 差□ |

（使用说明：本评价标准的等级分为好（80分以上）、中（60~79分）、差（59分以下）三级，评价者在评价的相应位置上划"√"即可。）

### 表3-7 活动区设置的基本标准（例）

| 活动区设置合理 | *活动区设置体现目标意识，与幼儿年龄特点和发展水平相适应<br>*活动区设置有吸引力，包括软硬度、色彩、光线、舒适感等因素都应加以考虑<br>*科学、合理地规划区域，考虑到各区域之间的联系和干扰，注意动静分开<br>*有一定弹性，并能随着幼儿兴趣的转移而变动<br>*活动区的区分鲜明，并根据活动区空间的大小、活动区和材料的特点等合理安排和控制进区活动的幼儿人数 |
|---|---|
| 材料投放科学 | *材料符合安全卫生要求<br>*材料摆放有序，材料储放柜的设计要方便幼儿取放材料<br>*材料具有多样性，包括工具类材料、成品材料、半成品材料、废旧材料、真实的物体材料等<br>*材料要具有操作性，便于幼儿使用与操作<br>*材料要有层次性，满足不同幼儿活动的需要<br>*材料要有递进性，要根据幼儿的兴趣、能力发展及主题的内容随时进行更换<br>*材料要有探究价值，用对幼儿有挑战意义的活动和材料激发他们的探索欲望 |

续表

| | |
|---|---|
| 标记清晰 | *根据不同年龄阶段幼儿的认知特点，为各种材料设计实物照片标记、简图标记、图形标记、数字标记和文字标记<br>*所有的标记整齐、醒目、美观<br>*每个区域都有明显的标志 |

表3-8 中班分享阅读区活动状况评价表

| 时间 | | 幼儿姓名 | | 教师 | | |
|---|---|---|---|---|---|---|
| 评价内容与指标 | | | | 总是 | 偶尔 | 从未 |
| 1. 安静入区，主动选择图书或图片 | | | | | | |
| 2. 正确持书，仔细地观察图画内容 | | | | | | |
| 3. 会按顺序翻阅图书或图片，能看懂多幅图书或图片的内容 | | | | | | |
| 4. 主动邀请同伴说讲图书或故事 | | | | | | |
| 5. 看每本书至少持续4分钟 | | | | | | |
| 6. 能随时因视力疲劳而调整姿势 | | | | | | |
| 7. 能比较清楚、连贯地讲述图书或图片的主要内容或情节 | | | | | | |
| 8. 会指出书中认识的符号或文字 | | | | | | |
| 9. 能根据书中提供的线索进行扩展想象，进行仿编、续编 | | | | | | |
| 10. 看完后能将书轻轻归还原处 | | | | | | |

说明：在相应的空格内写上文字或符号。

表3-9 大班活动区儿童发展评价表

| 时间 | | 幼儿姓名 | | 教师 | | |
|---|---|---|---|---|---|---|
| 评价指标 | | | | | | |
| 区域和内容选择 | | | | | | 备注 |
| 主动性 | A. 在成人的提示或同伴邀请下选择区域 | B. 能根据自己的意愿选择活动区域 | C. 能说出自己希望参与的活动内容、地点、材料或伙伴 | D. 用短句说明计划如何进行 | E. 详细描述将要参与的活动 | |

续表

| 时 间 | | 幼儿姓名 | | 教 师 | | |
|---|---|---|---|---|---|---|
| 评价指标 | | | | | | |
| 主动性 | 操作和运用材料 | | | | | 备注 |
| | A. 能在教师的引导下选择单一材料活动 | B. 能独自需要选择材料进行活动 | C. 能根据活动需要选择多种材料进行活动 | D. 与同伴协商轮流选择材料活动，或寻找替代物 | E. 并能根据活动需要自制材料 | |
| | 发现和解决问题 | | | | | 备注 |
| | A. 不能发现问题的存在 | B. 能发现问题，但不尝试去解决问题，转入其他活动 | C. 用一种方法解决问题，若不成功则放弃 | D. 用几种方法解决问题，并有一定的坚持性 | E. 用多种方法解决问题，能寻求同伴或教师的帮助，直至问题解决为止 | |
| 社会关系 | 与同伴的关系 | | | | | 备注 |
| | A. 独自进行游戏 | B. 当同伴与其互动时有所回应 | C. 能主动与较熟悉的伙伴交往 | D. 经常主动与其他同伴合作、交流 | E. 与多个同伴互动，并合作进行较复杂的游戏，帮助同伴解决问题 | |
| | 与成人的关系 | | | | | 备注 |
| | A. 不能与成人互动 | B. 当熟悉的人与其互动，能有所反应 | C. 主动与熟悉的成人互动 | D. 主动与其他班级教师或家长互动 | E. 能主动与多个成人一起进行较复杂的工作 | |

续表

| 时间 | | 幼儿姓名 | | 教师 | | |
|---|---|---|---|---|---|---|
| | 评价指标 | | | | | |
| 创造性表征 | 建构活动 | | | | | 备注 |
| | A. 不能独自进行建构活动 | B. 会探索较单一建构性材料，并进行简单的建构活动 | C. 对多种材料感兴趣，并能尝试和同伴一起进行建构活动 | D. 能根据需要选择和运用材料进行合作式建构 | E. 能创造性地运用多种材料和寻找辅助材料进行想象创造，并与同伴合作、协商，完成较复杂和精细的作品 | |
| | 美术创意活动 | | | | | 备注 |
| | A. 在教师的引导下进行绘画活动 | B. 能探索1~2种简单的材料，进行创意绘画 | C. 能探索多种绘画材料和工具，进行创意绘画 | D. 能创造性地运用材料、工具表现具有一定细节和创意的作品 | E. 能运用不同材料或工具进行多种形式的创意表现，画出具有许多细节的图像 | |
| | 社会扮演活动 | | | | | 备注 |
| | A. 不能或不愿意参加任何扮演活动 | B. 能选择材料进行简单的扮演活动，如选择头饰等模仿动物声音等 | C. 能扮演某一角色，并用适合所扮演的角色的语言来表达 | D. 与同伴进行合作性的扮演游戏 | E. 能在扮演中脱离当时情景，给同伴以建议或提示 | |

说明：ABCDE依次代表儿童逐一提高的水平。在相应的空格内画上标记，可判断儿童属于哪级水平。

## ❓ 问题与思考

1. 简要回答幼儿园活动区设置的理念与基本原则。

2. 说说小班、中班、大班都应设置哪些活动区。为什么？

3. 请设计你所在班级活动区的平面设计图，并将班级活动区进行合理布局。

4. 简要说明幼儿园活动区材料运用应遵循哪些原则。

5. 举例说明幼儿园活动区课程有哪些指导策略。

6. 请观察评价一下自己班级的活动区课程整体情况，并写出总体评价意见和建议。

# 第四部分

# 幼儿园活动区课程的实施

# 一、小班（3—4岁）活动区课程指导方案

## （一）小班角色区

3—4岁幼儿相对于婴儿来说在生活方面对成人的依赖性减少，有了一定的独立性，但他们的生活经验还比较贫乏，社交技能不够，所以他们选择扮演的角色通常是经常接触的人物，如爸爸、妈妈、小婴儿等。以模仿为主，模仿特定角色的一些简单动作，而且各行为动作间常常彼此不相关，如一会儿模仿"妈妈"打电话，一会儿喂娃娃吃奶。由于想象力有限，他们使用的道具多半是真实的物品或形似的模型。在游戏中，幼儿通常是"独自玩耍"或"平行玩耍"，各玩各的，无视他人的存在或开始意识到他人的存在，能一起玩但却各演各的，自言自语，没有真正的互动。所以这个时期的社会体验区应以幼儿熟悉的"娃娃家"为主，可以安排1~2个，同样的道具和材料要多些，满足幼儿同时选择的需要；同时在小班后期，可以随着幼儿生活经验的丰富增添"商店"等内容。

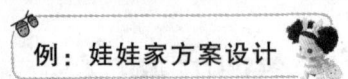

例：娃娃家方案设计

### 1. 目标与内容

① 了解家庭成员及其他们的称呼。喜欢模仿、扮演家庭成员，表达愉快的情绪情感，体验其中的乐趣。

② 认识娃娃家中的各种物品，知道它们的名称，并初步了解它们的用途。模仿使用各种物品。

③ 愿意与他人一起游戏，初步学习与人交往，学习使用简单的礼貌

用语。

### 2. 相关资源

家具：小床、沙发、桌子、椅子；电视、冰箱、电话等自制小家电，如图4-1。

(a)

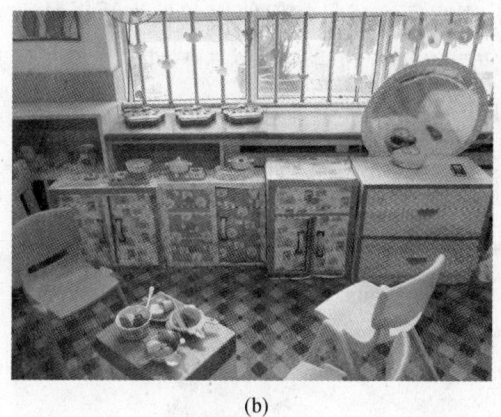

(b)

图4-1

餐具：小碗、小勺、小奶瓶等。

炊具：小炉台、小锅、小铲子等。

洗涤、清洁用具：小撮子、小扫帚、小水盆、香皂、毛巾等。

食物：水果模型、饮料盒子、点心模型等。

爸爸、妈妈的服饰、娃娃的服饰；娃娃2~4个。

家庭的"合家欢"照片或相应的图片；有关家庭的图书或画册；家庭中，家庭成员在各个活动空间做事情的照片或者录像。

### 3. 指导要点

① 刚入园的小班，娃娃家的设置在 2～3 个左右，满足幼儿的心理需要。

② 教师引导幼儿熟悉娃娃家环境及材料。开始时，区域中的材料不要一下子出示太多，随着活动的开展，逐渐地增添相关的材料，以免幼儿无从选择而不知所措，也防止幼儿发生争抢。

③ 引导幼儿了解爸爸妈妈平时怎么照顾自己的，鼓励幼儿像爸爸妈妈照顾自己那样照顾"娃娃"。

④ 引导幼儿观察家庭成员如何使用各种生活用品，学习正确使用生活用品的方法。幼儿使用用具时的错误不要急于纠正，给予幼儿练习的机会，然后逐步引导他们正确的使用各种生活用品。

⑤ 引导幼儿掌握入区活动时的人数控制方法，如有五件衣服只能有五个人进娃娃家玩等，培养幼儿形成初步的规则意识，如图 4-2。

图 4-2

⑥ 由于小班幼儿缺乏社交技能,时常出现抢夺、争吵等现象,因此老师要仔细观察,随时排解纷争,并加以辅导。

⑦ 老师尽可能地做好幕后工作,不妨碍幼儿的自主活动,但当幼儿无所事事或只重复一个动作而不知如何深入进行时,也可以适当提些建议或以角色的身份加入游戏,但不要反客为主。如当一个幼儿只是抱着娃娃长时间的晃来晃去时,可以提醒她,"她会不会饿?""你想给她吃点什么?"等。

⑧ 鼓励、建议幼儿扮演的角色之间进行对话和通过合作共同完成游戏情节;提示幼儿在与人对话和交往中恰当地使用礼貌用语,如:你好、谢谢、不客气、请、再见等。

⑨ 结束游戏的时,用大家一起做家务、收拾房间的方式来提醒幼儿把自己使用过的用具放回原来的位置,方便他人再次使用。

⑩ 可以提供小班幼儿和中、大班幼儿一起玩的机会和条件,让他们观察大孩子是如何扮演角色的,以增加他们的扮演经验。

### 4. 配备参考

小班角色区

| 类别 | 玩具材料 | 数量 | 备注 |
|---|---|---|---|
| 娃娃 | 不同大小、性别不同的玩具娃娃 | 2~4个 | 应选用安全、卫生方便洗涤、消毒的娃娃;餐具、炊具保证安全,尽量选择易清洁、无毒、无味的塑料制品 |
| 家具 | 模拟的小床、小衣柜、小餐桌 | 适量 | |
| 衣物 | 模拟的爸爸、妈妈的服饰、娃娃的衣服、鞋帽、小被子、枕头 | | |
| 餐具 | 模拟的小碗、小勺、小奶瓶、小盘 | | |
| 炊具 | 模拟的小炉台、小锅、小铲、小刀 | | |
| 洗涤、清洁用具 | 模拟的小撮子、小扫帚、小水盆、毛巾 | | |
| 食物 | 水果模型、饮料盒、点心模型 | | |
| 其他材料 | 自制的小家用电器、电话、各类小玩具 | | |

## （二）小班语言区

3—4岁的幼儿对于他们生活中常见的直观性的图片已经一定的阅读能力，并且他们能用简单的语句表述图片中所呈现的主要内容。尤其是一些单幅图书或图片内容醒目文字较少的图书深受他们的喜爱。根据小班孩子的活动特点，创设舒适柔软、明亮安静的阅读区域，建立一个有吸引力的图书角，让孩子能够安静地翻看小画书、听广播和有趣的故事磁带、练习粘画小故事书、利用指偶简单表演等等，从儿童早期奠定良好的阅读习惯和阅读兴趣对于儿童的今后发展具有重要意义。

例：语言区方案设计

### 1. 目标与内容

① 能够主动与同伴、老师交谈，养成良好的倾听习惯，能理解日常用语。

② 喜欢阅读图书，初步掌握正确的阅读方法，知道爱护图书。

③ 喜欢故事、儿歌等儿童文学作品，能够理解主要内容，并愿意表演和讲述故事。

④ 乐意与人交谈，讲话有礼貌；能清楚地说出自己想说的事。

⑤ 认识了解生活中常见的标志和符号，理解其代表的意义。

### 2. 相关资源

工具类材料：录音机、磁带、麦克风、VCD机、电视等。

图文类材料：主要包括图书和卡片。单幅画面的图书，识物类图书，故事类图书，简单的汉字与物体对应的图书；生活常见标志卡片，幼儿生活照片，游戏操作卡片。如图4-3。

表演类材料：指偶、手偶；头饰、服饰等。

(a)

(b)

图4-3

### 3. 指导要点

① 提醒幼儿保持安静，不大声吵闹，不影响他人。

② 提醒幼儿爱护图书、轻拿轻放，指导幼儿掌握正确的阅读方法：按照顺序从前往后一页一页地翻书，边看边能用自己的语言小声地连贯地说说图片上的内容。

③ 引导幼儿说出简单的安全标志名称，知道其含义，如：禁止烟火、禁止吸烟等标志。

④ 引导幼儿在理解故事内容的基础上，利用自己喜欢的道具、手偶、指偶等操作材料，尝试扮演相关角色进行简单的表演和讲述。在讲述活动中可让幼儿更换角色，体验扮演不同角色的快乐。

⑤ 引导幼儿将家中好看的图书拿来放置区角中，向大家推荐并与大家共同分享。

⑥ 注意观察幼儿的行为，当出现抢书、用书打闹或随意扔书、撕书等

情况时，要了解其原因然后耐心地提醒和纠正教育。

7 让幼儿自由选择或通过商量决定选择故事磁带听故事，提醒幼儿听故事要保持安静，注意倾听。教师可以对幼儿的讲述进行录音或记录，便于大家共同分享。

8 提醒幼儿按标志分类摆放图书、材料等，培养幼儿整洁有序的好习惯。

### 4. 配备参考

小班语言区

| 种类 | 玩具材料 | 数量 |
| --- | --- | --- |
| 故事类 | 故事盒：故事背景图、与故事相对应的人物形象图片等若干 | 1盒 |
| 词语训练类 | 词语训练盒：名词游戏材料、动词游戏材料、代词游戏材料、语言游戏板等 | 1盒 |
| 表演讲述类 | 表演讲述盒：各种动物、人物的手偶若干 | 1盒 |
|  | 看图讲述图片等若干 | 1盒 |
| 句子训练类 | 词语训练盒：看图说句游戏材料 | 1盒 |
| 图书类 | 画面清新、色彩鲜艳、造型大而简单的图书、布书若干 | 20本 |
| 工具类 | 透明胶、双面胶、胶棒、打孔器、笔、纸等修补图书工具 | 若干 |

## （三）小班美工区

3—4岁孩子的思维水平正处于直觉行动思维阶段，他们对游戏与工作的目的性还不是很强，绘画方面他们正处于比较随意的涂鸦阶段，他们手部的小肌肉还没有发育好。因此，对于小班孩子美术创意区的区域设置及其指导重点在于选择适合于小班孩子年龄特点的创意工具材料，提供一个宽松愉快的大胆创意的环境，充分满足孩子涂鸦的兴趣与愿望。

## 例：美工区方案设计

### 1. 目标与内容

⭐1　用点、线及简单的形状（圆形、方形等）表现单个物体的轮廓特征，知道物体要画得大一些，并有顺序地涂色。

⭐2　欣赏具有童趣、色彩鲜明、简单造型的生活物品、美术作品及周围景物，对美的物体形象有所反应。能辨别常见色，喜欢大胆地用自己喜欢的颜色作画和涂色。

⭐3　运用折、剪、撕、贴、搓、捏等方法进行简单的艺术创意活动，并体验其中的乐趣，如图4-4。

图4-4

⭐4　学习用搓长、团圆、压扁等方法表现简单的物体形象。

⭐5　尝试探索用多种材料进行简单的作品创作，能给自己的作品命名。

⭐6　逐渐掌握笔、纸、颜料、泥等各种工具材料的用途和用法，学习正确的握笔和作画姿势。

### 2. 相关资源

（1）工具类材料

⭐　笔杆粗、易抓握的油画棒，粗芯的水彩笔（红、黄、蓝、绿、黑等4~6种常见颜色），海绵棒笔、颜料（加入剃须膏、糨糊等搅拌成乳脂样），以及板刷、棉签、涂料。

② 利用各种废旧材料刻制的各种印章(如:动物、植物印章)、印油、橡皮泥、泥工板、胶水或胶棒。

③ 橡皮泥、黄泥(加入少量棉花的黄泥)、油面(加入少量豆油的面团);各种泥塑作品或图片;橡皮泥、胶棒、彩纸等。

④ 涂鸦墙(瓷砖墙、玻璃墙等)或涂鸦板。

(2) 纸张类材料

① 大的图画纸。

② 各种常见纸张:如:彩色纸、旧报纸、皱纹纸、包装纸等。

③ 画有各种图案的纸样:如:动物、水果、交通工具等。

(3) 废旧材料及其他

① 各种废旧材料,如盒子、瓶子、纸杯、纸盘等。

② 蔬菜、水果切片等。

③ 作品展示架。

④ 适宜于小班幼儿欣赏的生活和自然界中形象生动的艺术图片、摄影及中外优秀的有创意的美术作品及图书;教师和幼儿的优秀作品也可以作为欣赏、装饰的材料。

## 3. 指导要点

① 引导幼儿了解不同绘画材料的名称。初步掌握油画棒、水彩笔等绘画工具和材料的基本使用方法。注意将物体要尽量画得大一些,学习有顺序的涂颜色。

2. 能简单描述艺术图片或作品中的形象和色彩等，在欣赏的同时引导幼儿进行模仿创意，不要抹杀任何一个有新意的想法。

3. 引导幼儿正确说出红、黄、蓝、绿、白、黑等基本色的名称；指导幼儿用手指点画、纸团印画、手印画等方法提高对色彩的兴趣，从活动中寻求快乐。引导幼儿运用蔬菜切片、水果切面沾染颜色进行蔬菜水果拓印。

4. 为幼儿提供泥工板或铺上塑料桌垫，系上围裙。教幼儿利用搓、团、压等方法制作面条、麻花、月饼、饼干等。注意提供为幼儿存放和展示泥工作品的空间，如展示柜。

5. 引导幼儿根据物品的外形特征进行装饰创意。如：装饰瓶宝宝、饭勺妈妈、纸杯小车、水果娃娃等。将幼儿的立体创意作品或照片展示在展示架中、墙壁上。

6. 采用游戏化的方法，如念儿歌等教幼儿掌握正确的作画姿势和习惯。

注意提示幼儿按标志取放各种材料。不要过多地包办代替，要让幼儿根据自己的愿意去选择材料大胆创作。

7. 小班幼儿在活动中不容易保持桌面、衣物等的清洁，因此每次活动前教师要有针对性地提出具体的要求，在活动中给予必要的提示和帮助。

8. 教师要表现出对美术活动的兴趣，多和幼儿一起玩色、玩纸、玩泥等，不断引导幼儿逐步感受多种美术形式。

9. 教师要及时整理孩子的作品，并定期将作品收藏在成长档案袋中。

10. 及时与家长沟通与配合，要求家庭为幼儿提供表现的环境和空间，家园共同培养幼儿正确的握笔、作画姿势及取放材料的良好习惯。

 **4. 配备参考**

小班美工区

| 类别 | 玩具材料 | 数量 | 备注 |
|---|---|---|---|
| 工具类 | 油画棒、水彩笔（红、黄、蓝、绿、黑等4～6种常见颜色） | 8盒 | 油画棒应是笔杆粗、易抓握 |
| | 海绵棒笔、板刷、棉签 | 若干 | |
| 材料类 | 橡皮泥、泥工板及各种模具 | 若干 | 涂料应环保 |
| | 各种常见纸张：彩纸、旧报纸、皱纹纸、包装纸、纸板等 | 3种以上 | |
| | 涂料或颜料 | 若干 | |
| | 各种废旧材料：盒子、饮料桶、纸杯、纸盘、纸卷桶等 | 3种以上 | |
| 作品欣赏类 | 图书、绘画图片、现成作品 | | |

## （四）小班操作区

3—4岁幼儿手部小肌肉还没有发展好，有意注意和持续观察的时间较短，思维正在由直觉行动思维向具体形象思维转化，所以小班益智区应该相对封闭些，提供几块小地毯，便于幼儿专心地放松地操作玩耍。提供的材料和玩具也不要太复杂，形象和颜色要能吸引幼儿，以整体地感知、辨别和简单地配对、排序、分类、拼摆以及小肌肉的训练操作为主。

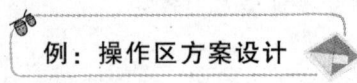 例：操作区方案设计

 **1. 目标与内容**

 观察比较物体、图片，根据相同的外形特征进行配对。

★2 运用多种感官感知、比较、辨别各种常见的物品,找到相同或相配的物品进行配对或进行物体镶嵌和图形对应游戏;能在多种生活物品中找出有密切关联的东西,初步理解事物间的关系。

★3 能比较、辨别物品的颜色、形状、大小、长短等特征,并能进行简单排序和分类。

★4 能感知1和许多、认识简单的图形、练习点数5以内的数,并初步了解数量的对应关系。

★5 愿意尝试倒、穿、夹、舀、系等小肌肉操作活动,锻炼小肌肉的灵活性和手眼协调能力。

★6 认识常见的玩具,知道其正确的玩法。

★7 认识各种服装和鞋子,知道它们在什么场所和季节使用。

★8 认识常见的交通工具,知道它们的名称、外形特征和用途。

### 2. 相关资源

统一色调的小篮子、托盘或盆。

用于感知、配对用的动物、植物或生活物品的小模型玩具和图片。

套娃、套筒、套管等,图形纸和卡片及有关物品,5以内数字卡片及点数的物品等。

简单的动物、水果、蔬菜、物品或基本几何图形的整体图形嵌板,2~4块的拼图。

长短、颜色不同的小棍,大小、颜色不同的珠子、木块,不同大小的套娃、套碗、套环等。

收集或制作一些带纽扣和拉锁的小马甲、小背心,带粘扣的鞋子或可系扣、拉锁的布制玩具等,如图4-5。

准备碗和勺、带把的水杯、晾衣夹和夹板、串珠、穿线板和线绳、各种小

图 4-5

瓶子、盒子等小肌肉训练的物品。

用硬纸板制作小动物头，动物嘴分别剪成圆形、正方形和三角形，用地板块或硬纸板剪成图形饼干。

服装、鞋子等图片，交通工具模型、各种类型的玩具，如毛绒玩具、发条玩具、电动玩具等。

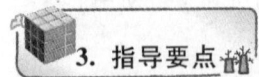 3. 指导要点

① 引导幼儿看看、摸摸，感知模型玩具和图片的外形特征和内容，并说出它们的名称；然后找出相同的物体放在一起进行配对。

② 引导幼儿观察各种瓶子和盒子，打开或拧下瓶盖、盒盖，打乱摆放，再分别配对拧(盖)到相应的瓶子或盒子上。

③ 引导幼儿观察嵌板上的图形，说出物体的名称，然后拿出对应嵌板的图形，触摸、感知其外形特征，再把图形放回嵌板。启发幼儿用图形嵌板做拼摆游戏，如图 4-6。

④ 指导幼儿找和动物嘴形相同的图形饼干去喂小动物，或把图形放在小盒子的相应孔中。

⑤ 引导幼儿按每种物品的长短或大小进行排序，从左到右横排或从上

图 4-6

到下竖排，或从小到大一一套起来；按颜色或大小的规律排序，如把不同颜色的珠子按一红一绿的顺序穿在软电线上等。

⭐6 指导幼儿手口一致地点数 5 以内的物品；让幼儿按数取物或按物取数，将数字与物体一一对应。利用圆形、三角形、正方形、长方形等进行拼摆活动。

⭐7 在日常生活中要注意锻炼幼儿的独立性和生活自理能力，指导幼儿学习穿、脱衣服、鞋袜，自己系扣子、拉拉锁，学习使用各种生活用具，如勺、夹子、剪刀等，练习各种精细动作，利用一切机会锻炼幼儿小肌肉的灵活性和手眼协调能力。

⭐8 日常生活中要注意丰富幼儿的生活经验，注意观察相关的事物，如什么东西经常在一起使用，不断提高幼儿的理解力和判断力。

⭐9 引导幼儿通过观察认识各种服装和鞋子；教师和家长在日常生活中提醒幼儿按季节和场合恰当地穿戴服装和鞋帽。

⭐10 指导幼儿观察交通工具的图片，摆弄其模型，感知它们的外形和结构；引导幼儿按交通工具的大小、颜色、使用场所等进行分类；在日常生活中带领幼儿观察各种交通工具。

⑪ 鼓励幼儿自由选择一件玩具摆弄，发现秘密，尝试其正确的玩法；指导幼儿将不同种类的玩具分类摆放。

⑫ 根据小班幼儿有意注意时间较短、观察目的性不强等特点，多以游戏的口吻吸引幼儿参加活动。

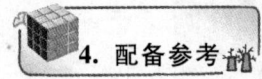

## 4. 配备参考

小班操作区

| 类别 | 玩具材料 | 数量 |
| --- | --- | --- |
| 数学类 | 1~5的点子卡，1~5的实物卡，按数取物卡、按物计数卡，数量认知拼版等 | 5套 |
| 图形拼图类 | 图形配对卡，图形分类卡，图形排序接龙卡，喂小动物图形瓶子、水果、动物等2~4块拼图等 | 5套 |
| 巧手操作类 | 不同大小的套娃或套碗、套环，大串珠，配对几何螺丝，巧手夹夹等 | 5套 |
| 日常操作类 | 收集或制作一些带纽扣和拉锁的小马甲、小背心，带粘扣的鞋子或可系扣、拉锁的布制玩具等。收集碗和勺、带把的水杯、晾衣夹和夹板等 | 4~6种 |
| 迷宫类 | 墙面迷宫，三个排成行等 | 3套 |
| 智能训练类 | 配对板，镶嵌板等 | 5套 |
| 生活物品及工具类材料 | 服装、鞋子等图片，交通工具模型、各种类型的玩具，如毛绒玩具、发条玩具、电动玩具等，各种纸、瓶子、罐及其他材料 | 若干 |

## （五）小班建构区

3—4岁的孩子对于各种建构材料充满了好奇，尤其是对于他们能够操作的大中型的轻型积木块常常表现出爱不释手。由于这个年龄阶段孩子的思维处于直觉行动思维阶段，因此，他们常常对于搭建活动没有一定的目的，而是满足于对于各种搭建材料的摆弄和操作。在搬来搬去、搭来搭去、摆来摆去的不断尝试过程中感知着空间方位，并锻炼着手眼的协调和小肌肉的运动能力，如图 4-7。

图 4-7

例：建构区方案设计

**1. 目标与内容**

 感知、了解积木和积塑等建构材料，初步感受不同建构材料的特性，如软、硬、凉、暖等。

 进行铺平、延长等平面拼摆活动。

 进行插、拆等插接活动。

 进行简单的叠高、围拢、盖顶的立体搭建活动。

喜欢玩沙土，尝试用沙土进行简单的造型。

**2. 相关资源**

积木：彩色空心积木、泡沫积木；小型实心积木；插接类、嵌接类、叠接类等积塑,如图4-8。

图4-8

模型玩具:花草、树木、路灯、汽车、路标等。

废旧材料:纸板块、塑料块、各种纸盒、易拉罐、桶、雪糕棍、泡沫板、塑料瓶等。

干沙土和湿沙土;各种造型的玩沙模具;铲、小桶、碗、勺、瓶等工具。

收集相关的图片、照片作为幼儿参考图例。

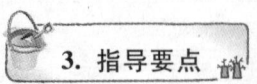

## 3. 指导要点

① 将班级内的各类建构材料分类放好,如图4-8。在投放材料时,应根据幼儿的认识能力从少到多分类投放,引导幼儿操作和收放。教师要同幼儿一同整理玩具,把用过的玩具、材料放回原处,让幼儿形成良好习惯。

② 可进行情景引导,使幼儿尽快进入建构游戏中。

▼可以开展铺地砖、修公路等主题活动,学习铺平、延长等平面拼摆技能。

▼可围绕看谁堆得高、盖高楼、建宝塔等主题开展活动,尝试用各种方式叠高。

▼可引导幼儿插小树、花草、小项链等,学会插片之间链接、延长的技能。

▼可围绕小滑梯、小转椅、小风车等主题开展活动,学会旋接类玩具的玩法。

▼ 可围绕小动物的家、幼儿园等主题开展活动,学习围绕的技能,学习立体建构。

▼ 可进行做蛋糕、挖山洞、堆山头等主题活动,引导幼儿尝试使用玩沙工具,用拍、打、抓、堆等方法玩沙,进行简单造型,感知沙土的特性;用湿沙土进行简单的造型。

3 提醒幼儿不将插塑放入嘴、鼻、耳里,玩沙后要洗手。将作品放在一定的位置展览,给幼儿相互学习与欣赏的机会。

4 教师以玩伴的身份,向幼儿介绍游戏的材料、游戏的玩法,幼儿可模仿搭建,给幼儿模仿的机会。

5 引导幼儿独自操作或和同伴友好地一起玩,不互相争抢。

**4. 配备参考**

小班美工区

| 类别 | 玩具材料 | 数量 | 备注 |
| --- | --- | --- | --- |
| 积木 | 彩色空心积木、泡沫积木、小型积木 | 1套 | 小型积木应是在25块以内,便于桌面操作 |
| 积塑 | 旋接类、插接类、嵌接类、叠接类 | 若干 | |
| 模型玩具 | 人物、动物、植物、车辆、房屋等 | 3种以上 | |
| 废旧材料 | 塑料瓶、易拉罐、纸盒、包装纸袋等 | 若干 | |

## (六)小班表演区

3—4岁的孩子非常喜欢用一些动作来扮演他们头脑中的世界万物来满足他们对于童话世界的沉浸与喜爱。因此,提供满足低幼孩子扮演需要的易于操作的布偶、服装道具、小乐器、表演场地与台子,让小班的孩子在敲打、扮演、假想的过程中学会表达释放自己的情感,激发想象与创造,培养孩子的自信与勇气,提高感知运动的能力、语言表达及艺术感受的能力。

例：表演区方案设计

**1. 目标与内容**

① 利用偶类玩具表演学过的儿歌、故事；能用简单的表情和动作表演儿歌和歌曲。

② 学习使用简单的打击乐器，了解乐器的名称和敲击方法。掌握乐器的取放规则，知道爱护乐器的一般常识。

③ 跟着四分音符的节奏作简单的肢体动作；跟着不同情绪的音乐做不同的表情。

④ 敢于在集体或他人面前表现，增强自信心和胆量。

**2. 相关资源**

各种风格的短小歌曲、乐曲、器乐曲及儿歌、故事表演磁带、空白磁带等。

乐器：铃鼓、撞钟、舞板、双响筒等简单的打击乐器。

生活乐器：盆、各种废旧的杯子、瓶子、盒子等不易破碎的生活用品。

自制乐器：砂槌、串铃、笛子、响板等。

偶类材料：常见人物、动物的手偶、指偶、掌偶等。

与表演内容相对应的常见人物、动物、自然现象的头饰。

道具材料：各种颜色的纱巾、彩纸条、帽子、服装等，如图4-9。

**3. 指导要点**

① 指导幼儿正确使用各类偶像进行唱歌、朗诵、讲故事等；表演过程中，鼓励幼儿声音响亮、大胆地表演，培养幼儿的自信心；要求幼儿取放偶类玩具时要遵守规则，分类摆放。

图 4-9

⭐2 指导幼儿熟悉掌握各种打击乐器的名称、正确的演奏方法；引导幼儿感知体会用不同的力度、节奏敲击各种乐器所产生的不同声音和效果；引导幼儿用四分音符的节奏随歌曲和乐曲打节奏。

⭐3 学习用拍手、拍肩、跺脚等身体乐器为简单的歌曲和乐曲打节奏，培养节奏感；利用生活中的物品进行敲敲打打活动，体会声音的不同，培养幼儿对声音的感受能力。

⭐4 在教师的引领下，学习用不同工具、不同废旧物制作砂槌、响板、串铃、笛子等简单的乐器，并用自制的乐器为歌曲、乐曲即兴演奏；养成对待乐器的良好习惯（轻拿轻放，用后归类摆放，不破坏）。

⭐5 引导幼儿自愿挑选服装、扮演自己喜欢的角色，随故事磁带或教师的讲解进行表演活动；服装、道具用后放回原处。

⭐6 幼儿在表演区活动时首先需要进入状态，教师要把握好幼儿的情绪，既不要沉闷，也不要过于兴奋、吵闹，不要干扰其他区域的活动。

⭐7 教师要在每次活动后整理、修补、填充自制的材料，保证每次活动的顺利进行。

**4. 配备参考**

小班表演区

| 类别 | 玩具材料 | 数量 | 备注 |
| --- | --- | --- | --- |
| 服装、饰物 | 表演内容相对应的常见人物、动物、自然现象的头饰、服装、表演道具；各种颜色的纱巾、彩纸条等 | 若干 | 选择生活乐器应注意安全、卫生 |
| 偶类材料 | 常见人物、动物的手偶、指偶、掌偶等 | 若干 | |
| 专业乐器 | 铃鼓、撞钟、舞板、双响筒等简单的打击乐器 | 1~2件/种 | |
| 生活乐器 | 盆、各种废旧的杯子、瓶子、盒子等不易破碎的生活用品 | 若干 | |
| 音像材料 | 各种风格的短小歌曲、乐曲、器乐曲及儿歌、故事表演磁带、空白磁带等 | 若干 | |

## 二、中班（4—5岁）活动区课程指导方案

### （一）中班角色区

4—5岁幼儿的生活经验和交往技能都有了一定的提高，开始能有意义地和同伴交谈并能在一起玩、相互配合和分享，也会交换物品和玩具。但这些行为大多是临时的、随意的，缺乏计划性和组织性，而且他们不太能接受规则太多的游戏，是一种"联合游戏"。这个阶段，幼儿扮演的角色范围可以从家庭扩展到社区，而且可以扮演角色的多种特征，玩出简单的较为连续的情节。所以中班可以在保留"娃娃家"、"商店"，丰富其扮演内容基础上，再随时增

加、调换"理发店"、"餐厅"或"医院"等区域。区域的材料也可以只添置基本的物品，其他的由幼儿收集、自制或由身边的物品代用。

例：娃娃医院方案设计

**1. 目标与内容**

① 了解医生及护士的主要工作，初步了解他们工作对自己生活的意义。愿意积极参与医院的"创建"过程，体验"创建"过程的乐趣。

② 学会扮演医院中不同的角色。如：医生、护士、病人等。了解医院看病的基本程序。

③ 愿意并能和同伴友好地游戏，体验其中的乐趣；逐步学会轮流、分享、谦让和合作等交往技能，学习相互协商解决游戏中的问题。

④ 能感受、体验病人的心情，知道关心病人，热情为病人服务。学习从他人的立场或不同角度来看待事情，能够体验他人情绪，学会关心、同情、帮助他人。

⑤ 能较恰当、灵活地运用礼貌用语，遵守活动中的基本行为规范，能努力做好力所能及的事。

**2. 相关资源**

请医院的工作人员（家长资源）来园介绍去医院看病的主要过程。

介绍医生、护士工作的 VCD、图片或照片。

医生用的桌子、椅子。

医院各科室的标牌，如挂号室、内科、外科、儿科等。

服饰类：医生、护士衣帽、名签等。

医疗器具类：玩具式的血压计、注射器、听诊器、点滴药瓶、药包和药瓶、药棉、绷带等。

其他材料：笔、纸、本等，可供幼儿自制的病历本。

### 3. 指导要点

⭐1 组织幼儿谈话，说说自己到医院看病的情况。引导幼儿观看医院照片或图片，增强幼儿对医生或护士工作的认识和理解。还可邀请医院的工作人员讲解去医院看病的主要过程。

⭐2 引导幼儿了解人生病了要去医院看病，打针时应该坚强。初步了解医院与我们人类之间这种密不可分的关系。

⭐3 共同设置医院的区域环境，并知道挂号、诊察室、药局等功能室。

⭐4 教师观察幼儿游戏过程，并指导每个角色的具体工作情况。如：病人感冒了，医生要为病人量体温、用听诊器听心肺、还要询问病人病情等。

⭐5 每当幼儿都想进入同一区域或扮演同一角色时，可以引导幼儿按照先来后到的顺序来选取，然后轮流，或者玩过的幼儿谦让一下，或者增加角色等。

⭐6 活动中，教师尽量做到不打扰幼儿的活动，如果幼儿之间有争议，教师要引导他们自己协商解决问题，让他们感觉到自己是游戏的主人。当幼儿自己不知该做什么的时候，教师可以以"院长"的身份给他们提提建议，提醒幼儿主动参与活动。

⭐7 在活动中，老师要提醒幼儿不断体会不同角色的心态，如"病人"身体不好，心情也会不好，还会怕上"医院"，"医生"就要耐心、热情，鼓励"病人"，并要注意一些细节，如把听诊器焐热了再给"病人"听诊等。

⭐8 引导幼儿在活动的过程中总结在接待病人、给病人看病过程中的礼貌用语。如："您好！您什么地方不舒服？这是我应该做的。谢谢医生，再见!"等。

⑨ 在活动过程中,教师可引导幼儿按照医院的要求挂号、排队、等候、按秩序就医,培养幼儿遵守活动中的规则,学会关心、同情和帮助别人的情感。

### 4. 配备参考

**中班角色区**

| 区域 | 类别 | 玩具材料 | 数量 | 备注 |
|---|---|---|---|---|
| 医院 | 服饰 | 医生、护士的衣帽、名签 | 适量 | 洗护发的瓶应清洗干净,避免使用玻璃瓶;理发用具应选用仿真的 |
| 医院 | 医疗器具 | 玩具式血压计、针管、听诊器、点滴药瓶、药包 | 适量 | |
| 医院 | 其他材料 | 笔、纸、本,可供幼儿自制病历表 | 适量 | |
| 理发店 | 洗发用品 | 洗、护发用品的包装瓶、盒、毛巾 | 适量 | |
| 理发店 | 理发用具 | 仿真的吹风机、剪刀、木梳、理发围布、卷发器、头花、皮套、头夹、烫发模型 | 适量 | |
| 理发店 | 服饰 | 理发师的服饰、围裙 | 适量 | |
| 理发店 | 其他材料 | 镜子、各种发式的图片 | 适量 | |

## (二)中班语言区

4—5岁的幼儿由于生活经验在不断地丰富,他们的阅读视角也在小班的基础上不断扩大,这个时期的孩子已经能够接触一些优美的童谣、小段落的散文、多幅图片并具有一定情节的故事童话,并且对于生活中的一些小纸片、小广告也具有一定的阅读兴趣。他们在阅读活动中所表现出来的专注水平、阅读能力及图书的创意表演能力都比小班孩子有了较大的提高。因此,为中班孩子创设的阅读区域应在小班的基础上结合4—5岁孩子的生活视野扩展图书的种类与内容,并引导孩子学会按一定的主题类别对图书进行简单的分类与整理活动。

例：语言区方案设计

**1. 目标与内容**

① 喜欢阅读，能够独立阅读图书，掌握阅读方法，养成良好的阅读习惯。

② 能够清楚连贯的表达自己对图书、图片的理解及自己的所见所闻、所想所做。

③ 认识日常生活中常见的符号、标志及文字，理解其表达的意思。在游戏及活动中尝试运用简单的图像、符号等形式进行表达。

④ 根据所提供的材料自制小图书，在制作图书中进一步了解书的构成，体会其中快乐，获得成功感。

⑤ 能够与他人分享自己所获得的经验，在分享中专注倾听别人讲话，关注他人想法。培养良好的倾听习惯。

⑥ 在欣赏不同的儿童文学作品中能够理解作品中人物形象及表达的情感。学会根据文学作品的线索及结构进行创编。

**2. 相关资源**

（1）图文类

① 图书：单幅多页儿童故事书、交通工具类、动植物类小图书、常见标志类小图书、迷宫图书、动画类图书等，如图 4-10。

② 卡片：3~5 幅排图讲述卡片、看图识字卡片、常见标志卡片等，如图 4-11。

③ 其他：废旧电话、故事盒、词语接龙卡、语言棋、废旧画报、相

册、旋转词语筒、"小猫钓鱼"认读讲述盒、看图识字拼图等。

图4-10

图4-11

（2）表演类

手偶、指偶、背景图、小舞台、头饰等。

（3）工具材料

① 录音机、磁带、CD、耳麦、麦克、电视、电脑等。

② 固体胶、透明胶、双面胶、订书器、打孔器、仗绳、彩色笔、铅笔、夹子、曲别针等。

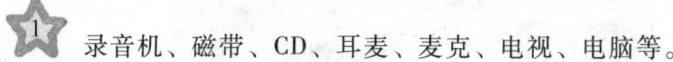

3. 指导要点

① 注意提示幼儿按标志取放各种材料。要教育幼儿爱护图书及区内其他材料。

② 每次活动前教师要有针对性地提出具体要求，在活动中给予必要的提示和帮助。

③ 在表演故事过程中，教师不要过多地干涉幼儿，要让幼儿根据自己的意愿大胆表现。

④ 教师要表现出对阅读活动的兴趣，多和幼儿共同阅读、游戏。不断

引导幼儿逐步感受阅读分享区带来的乐趣。

 教师要关注区内幼儿活动，对于幼儿在活动中出现的问题及时总结，对于幼儿出现的闪光点给予肯定。

 教师要不断调整、填充区内材料。

⭐ 引导幼儿学习制作图书，为幼儿自制的图书提供展示角。

 为幼儿提供光线充足、适合阅读的环境，如图4-12。

图4-12

⭐ 及时与家长沟通与配合，要求家庭也为幼儿提供阅读环境，共同培养幼儿养成良好的阅读习惯。

### 4. 配备参考

中班语言区

| 类别 | 玩具材料 | 数量 |
|---|---|---|
| 故事类 | 故事背景图、与故事相适应的人物形象图片等若干 | 1盒 |
| 词语训练类 | 形容词游戏材料、代词游戏材料、反义词游戏材料、各种语言游戏模板等 | 1盒 |

续表

| 类　别 | 玩　具　材　料 | 数　量 |
|---|---|---|
| 表演讲述类 | 各种动物、人物的指偶若干 | 1盒 |
| | 选图讲述图片、创编故事图片等若干 | 1盒 |
| 句子训练类 | 各种常见句式练习材料 | 1盒 |
| 采访类 | 小记者工具箱：仿真相机、仿真摄像机、仿真话筒等 | 1盒 |
| 图书类 | 国外经典故事、国内经典故事民间故事、成语故事、科幻故事、幼儿生活故事、童话故事等 | 5种 20本 |
| 工具类 | 透明胶、双面胶、胶棒、剪刀、打孔器、订书器、笔、纸等修补图书、制作图书工具 | 若干 |

## （三）中班科学区

4—5岁的幼儿对周围自然事物和现象表现出比较浓厚的兴趣，他们开始有意识的积极探索和发现，动手能力也有所提高，开始建立事物之间的简单联系，把一些相关的事物联系在一起。因此，中班科学发现区的设置与指导重点在于提供丰富的动、植物标本、模型和图片、自然物品和一些小实验的材料，鼓励幼儿在不断探索的基础上建构粗浅的科学知识，并能用个性化的语言或方式把他们的探索过程和发现表达出来。

例：科学区方案设计

**1. 目标与内容**

① 进一步感知植物，观察、了解它们的生长环境、生长条件和生长过程，并学习照顾它们，如图4-13。

② 进一步感知动物，观察、了解它们的生长环境、活动方式、睡觉方式、过冬方式、自我保护方式等，并学习照顾它们。学做简单的昆虫标本。

113

③ 了解沙、石、水、土等自然物的特性及用途。

④ 能正确使用简单的工具和材料进行小实验、小制作，学习用符号、数字或绘画等形式表达、记录实验的结果。并尝试将科学原理解运用到生活中，如：沉浮实验、磁铁的特性、感知物体的弹性等。

⑤ 认识各种洗涤用品，了解其名称和用途。

⑥ 认识常见电器，了解它们的名称和用途。

图 4-13

⑦ 练习点数 10 以内的数；区分几个和第几；认识相邻数。

⑧ 比较两个物体的厚薄、粗细、轻重和快慢，并能用简单的方法进行测量。

⑨ 认识长方形、梯形、椭圆形。

⑩ 认识昨天、今天和明天。

 **2. 相关资源**

（1）动物类

昆虫等动物的标本、各种动物及人体的模型或图片、拼图等。

（2）植物类

大葱、大蒜、地瓜、芹菜等蔬菜以及水果的实物和图片；植物类图书；幼儿种植材料和观察记录本。

（3）自然物类

各种不同的沙子、箱子、水、玩沙水的工具等；各种石头、水盆、扇子、冰块、水杯、热水、筷子、吸管、容器等；水杯、水槽、水盆等(如图4-14)。

图4-14

（4）实验类

⭐1 沉浮实验：大玻璃缸或大塑料桶、乒乓球、玻璃球、铁片、纸、塑料片、石块、木块、布片、棉花、橡皮泥、空铁罐、瓷碗、塑料瓶等物；分类板或布(两折,打开两面分别写着"沉"和"浮"的字)。

⭐2 磁铁实验：各种磁铁，如直式的、马蹄式的等；铁制品，如回形针、铁夹子等；非铁制品，如毛线、彩纸等；分类板或布(两折,打开两面分别写着"吸"和"不吸"的字)；带有回形针的跳舞小人、小鱼，带磁铁和不带磁铁的"钓竿"等。

⭐3 弹性实验：皮筋、皮球、羊角球、跳绳、弹簧秤、弹簧、油笔等。

⭐4 纸吸水的实验：各种不同质地的纸；两个装等量水的透明杯子。

⭐5 光电实验：棱镜、小镜子、太阳图片、光谱图、看太阳用的墨镜、遮光纸等。

⭐6 记录材料：记录单(可有集体和个别)、记录笔等。

（5）生活物品及科技产品类

各种洗涤用品；错误使用洗涤用品的图片；脏手绢若干；吸管每人一支,

每组1~2盆水；调好的泡泡液和各种吹泡泡工具。装好和没装好电池的电动玩具若干。搜集各种常用电器的模型玩具，如电视、洗衣机、电饭锅、电脑、微波炉、电话等；常用电器的图片、图书等。

（6）数学类

★1 画有1~10不同数量的动物或物品的图片；"序数练习卡"和"相邻数"卡；学具块、雪花片若干、磁铁、1~10的数字卡等。

★2 毛线绳、小尺、记录纸；粗细不一的笔、笔筒等；厚薄不一的图书、泡沫板等。

★3 长方形、梯形、椭圆形的卡片；由三种图形组成的各种动物的图片；图形拼贴范例等。

★4 活动当日、前一天、后一天的挂历一张；糨糊；画有三次午餐的图片、一盘鱼、一盘青菜、一碗汤。

## 3. 指导要点

★1 引导幼儿观察种植角和种植园中的其他植物，大胆猜想，并连续观察记录种子的生长过程，鼓励幼儿讲述自己的发现。引导幼儿看书，认识、了解更多的植物，如图4-15。

★2 引导幼儿玩拼图游戏，感知动物身体的各部分，能较熟练地进行各部分拼图；也可以把各部分图板一一放在纸上描画出动物；引导幼儿根据动物的习性与特征进行分类（按家畜、家禽分类）。

图4-15

⭐3 带领幼儿去户外观察、捕捉昆虫；引导幼儿用放大镜观察各种昆虫的特征，讨论并尝试制作昆虫标本。

⭐4 请幼儿通过动手，感知沙子、石头的特性，进行玩沙、玩水、玩石活动。

⭐5 引导幼儿做沉浮、磁铁、光电等小实验。指导幼儿学习独立做记录，大胆表达自己的想法。

⭐6 请幼儿观察错误使用洗涤用品的图片，找出错误在哪里；请幼儿将吸管放入水中吹吹，看看并说说发现了什么；引导幼儿玩"吹泡泡"的游戏。

⭐7 引导幼儿观察、摆弄各种电器玩具，看有关的图书和图片，并说出它们的名称，在哪里见过，有什么用途等；请家长指导幼儿在家里进一步认识并学习使用一些家用电器。

⭐8 引导幼儿点数并准确地说出图片中小动物或物品的数量，并按物的数量取出相同的数字卡片相配对；引导幼儿根据1~10的数字，取出相同数量的雪花片或学具块；指导幼儿根据提供的材料进行排序、学习相邻数。

⭐9 引导幼儿园用毛线绳、小尺子学习测量自己或小朋友的胳膊、室内的桌椅等，并记录结果；引导幼儿比较两物体如笔、笔筒、图书等的粗细和厚薄，并记录结果。

⭐10 引导幼儿观察、感知不同的图形，会用各种图形进行拼图活动。

⭐11 引导幼儿拿着挂历说出当天是几号，前一天是几号，下一天是几号，想想、说说这几天都做了哪些事情；引导幼儿按教师的语言提示将昨天、今天、明天的菜谱贴在相对应的日历上。

⭐12 指导幼儿学会清理、整理玩具和物品的方法，形成良好的常规。

⭐13 指导家长保护幼儿的好奇心、求知欲，在家中为幼儿提供探究的机会与条件，鼓励孩子的探索行为。

### 4. 配备参考

中班科学区

| 类别 | 玩具材料 | 数量 |
|---|---|---|
| 玩水材料 | 水舀、漏斗、水杯、空心塑料管、海绵、量杯、沙水车等若干 | 1盒 |
| 磁性实验材料 | U形磁铁、条形磁铁、铁及非铁制品、绒布、小指南针等 | 1盒 |
| 摩擦实验材料 | 塑料棒、毛皮、绸子、纸屑等 | 1盒 |
| 空气实验材料 | 吸管、空瓶子、针筒、小塑料圆面降落伞、小火箭模型、气球直升机、小打气筒等 | 1盒 |
| 弹性实验材料 | 螺旋桨小车、橡皮筋、小弹簧、弹簧秤等 | 1盒 |
| 溶解实验材料 | 水杯、沙子、面粉、白糖、搅拌棒等 | 1盒 |
| 光感实验材料 | 平面镜、三棱镜、放大镜、望远镜、万花筒、混色片等 | 1盒 |
| 沉浮实验材料 | 水舀、水盆、玻璃球、小木块、曲别针等 | 1盒 |
| 动物类材料 | 昆虫等动物标本、实物和图片 | 若干 |
| 植物类材料 | 蔬菜、花草树木、干果、水果等实物和卡片 | 若干 |
| 自然物 | 沙、土、石头等实物和图片 | 若干 |
| 用具 | 防水围裙或罩衣 | 若干 |
| 其他 | 纸、笔、记录表等 | 若干 |

## （四）中班美工区

4—5岁的孩子的美术创意活动在小班的基础上开始有了自己的形象与想法，他们的思维水平处于具体形象阶段，对于有形的物品他们表达自己的认知与感受。因此，对于中班孩子的美术创意区设置与指导的重点在于给予孩子大量的生活与自然中的生动形象储备，用美术的语言表达自己对生活和世界的理解。

例：美工区方案设计

### 1. 目标与内容

① 用各种线条和几何形状表现物体的基本形状和主要特征，能按意愿表现简单的情节。

② 学习欣赏与自己生活经验有关的具有造型美、色彩美与统一美的美术作品、生活物品、节日装饰等，并识别10~12种基本颜色，能注意色彩的变化并大胆使用较丰富的颜色作画和涂色，初步区分并尝试画出主体色和背景色。能尝试用语言、动作、表情来表达自己的理解、想象和情感。

③ 会用剪、折、撕、粘等方法进行创意造型，并表现一定的技巧性。

④ 学习用捏、黏合的泥工方法塑造简单的立体物象。

⑤ 主动探索用点状、线状、面状和块状的自然物和废旧材料进行创意制作并能讲述作品的内容，如图4-16和图4-17。

图4-16

图4-17

### 2. 相关资源

（1）工具类材料

① 油画棒、彩色铅笔、颜料或涂料(红、黄、蓝、绿、黑、白、棕、紫等多种颜色);

② 橡皮泥或面泥、泥工板;

③ 剪刀、各种胶剂。

(2) 纸张类材料

① 大小、形状不同的图画纸;

② 颜色、质地、形状不同的纸张:如硬纸板、包装纸、皱纹纸、砂纸、吹塑纸、旧报纸、挂历纸、亮光纸、糖纸等。

(3) 装订连接材料

订书器、曲别针等。

(4) 废旧材料及其他

① 各种废旧材料,如盒子、瓶子、塑料袋、树叶、果壳、海鲜壳、蛋壳、线绳等,如图4-18;

② 各种半成品材料,如画好图案的纸样、割好细缝的硬纸板等。

图4-18

### 3. 指导要点

① 引导幼儿在小班基础上学习蜡笔水粉画:用彩色水笔画主要物品;用蜡笔涂背景颜色等。注意涂背景时蜡笔的使用方法,引导幼儿朝一个方向涂,涂色要均匀。帮助幼儿养成良好的握笔、绘画姿势,形成良好的绘画习惯。如:身体要坐直;手不要离笔尖太近等等。

② 在画架上粘贴人物、日常用品、蔬菜水果、动物等描线图,引导幼

儿练习描绘、小面积涂色，并在观察图片的基础上进行模仿构图。

⭐3 引导幼儿辨别并说出主要色彩的名称，如：红、黄、蓝等。知道红和黄在一起是橙色；黄和蓝在一起是绿色等等。引导幼儿大胆尝试对这些中间色的调色。指导幼儿大胆尝试用滚珠画、印染画、喷画、吹画、刷画、拓描画等不同绘画形式感知体验色彩的丰富和变化的乐趣。

⭐4 引导幼儿学习各种典型图例的折法，学会看图例折一些简单的物品，如：小船、动物头等。

⭐5 鼓励幼儿利用各种废旧材料制作、装饰环境，如图4-19。

⭐6 引导幼儿在观察立体泥塑的基础上、掌握球形、蛋形的捏泥方法。尝试捏一些生活中常见的物品。鼓励幼儿运用相关工具和材料对泥工作品再加工进行美化和装饰，并为作品命名，如图4-20。

图4-19　　　　　　　　　　图4-20

⭐7 引导幼儿根据材料的质地、形状进行分类摆放，并制作标志培养幼儿养成物归原处的良好习惯，如图4-21。

⭐8 不要频繁地更换材料，要通过较长时间使用同样或差别不大的材料，使幼儿学会怎样使用这些材料。

⭐9 要珍视儿童的想象力和创造力，适当减少教师示范画，多鼓励孩子

图 4-21

根据自己的意愿表现和创造,不要因教授技巧去干涉孩子的工作。

⑩ 要引导幼儿初步学会评价自己和同伴的作品,教育小朋友要珍惜自己和同伴的作品。教幼儿逐步学会使用各种清洁工具整理区域卫生。

 **4. 配备参考**

中班美工区

| 种 类 | 玩具材料 | 数 量 | 备 注 |
|---|---|---|---|
| 工具类 | 油画棒、彩色铅笔、颜料或涂料(红、黄、蓝、绿、黑、白、棕、紫等多种颜色) | 6盒 | 美工区中带支架的画架1个,供幼儿绘画使用 |
| | 订书机、曲别针等 | 若干 | |
| | 剪刀、各种胶剂 | | |
| 材料类 | 大小、形状、颜色、质地不同的纸张 | 4种以上 | |
| | 橡皮泥或面泥、泥工板 | | |
| | 各种废旧材料:盒子、瓶子、塑料袋、树叶、果壳、海鲜壳、蛋壳、线绳等 | 若干 | |
| 作品欣赏类 | 美术作品的图片、相关的图书 | | |

## （五）中班益智区

4—5岁幼儿有意注意和持续观察的时间逐渐延长，思维以具体形象思维为主，所以中班益智区可以是半封闭的，除了提供几块小地毯外还应该添置一张桌椅，便于幼儿在桌面上进行操作。提供的材料和玩具可以比小班复杂些，具有一定的挑战性，形象和颜色也应该能吸引幼儿。指导中班幼儿在整体感知、辨别和简单的排序、分类、拼摆以及小肌肉操作的基础上，对物体或图片的细节进行较细致的观察和感知，在相似中寻找不同之处，学习按不同的变化规律进行排序、按物体的两个特征进行分类等。要注意培养幼儿观察、感知的准确性、灵敏性和逻辑思维能力。

例：益智区方案设计

1. 目标与内容

① 喜欢操作益智的玩具、材料，体验动脑思考、动手操作的乐趣，并在活动中进一步增强专注力和感知、观察能力。

② 能用多种感官感知、比较、辨别各种物品，能感知物体的整体和部分，能进行多块的物体镶嵌和拼图游戏。

③ 通过触摸感知、比较物体的冷暖、平滑和粗糙以及不同的形状，增强触摸觉的准确性和灵敏性。

④ 能进一步理解身边一些事物间的关联和发展的顺序，能将相应的图片进行配对和排序。

⑤ 能尝试按物体的两个特征进行分类、排序。

⑥ 能尝试操作一些生活用具，锻炼小肌肉的灵活性和协调性，锻炼生活能力和适应环境的能力，如图4－22。

(a)　　　　　　　　　　　(b)

(c)

图 4-22

## 2. 相关资源

（1）感知操作类材料

**穿孔类材料**：小珠子、纽扣、穿线板、不同粗细的穿绳等。

**镶嵌类材料**：多块组成的物体或图形镶嵌板、镶嵌盒等。

**拼拆类材料**：平面拼图（8～15片分割片）、立体拼图（拼拆物）等。

**迷宫玩具**：较复杂的迷宫图片或模型或自制的立体迷宫。

**套式玩具**：套桶、套人、套盒等。

**实物类材料**：夹子、筷子等用具及纸团、海绵等物品。

**触物类材料**：触摸箱（袋）、不同粗糙度的布料、不同冷暖度的触摸板、不同形状的物品等。

图片类材料：用于配对和找相同与不同的观察图片，用于判断人与事物间关系的图片等。

编织类材料：编织模具、编织架和编织原料、毛线、丝带、玻璃丝等。

（2）逻辑关系类材料

棋类玩具：掷股子棋、轮盘棋、井字棋等。

分类盒：双因子分类图、各种分类卡。

排序推理玩具。如：△—□—○—？—□—○—？

配对、接龙玩具。

3. 指导要点

① 材料投放要丰富多样，在尊重幼儿整体年龄特点基础上，还应照顾幼儿的个体差异，提供不同智力层次的材料和玩具，满足不同幼儿的需要，帮助他们完成已有经验的运用和新经验的形成，如图4-23。

图4-23

② 要为幼儿的独立思考和自由探索营造安静的、宽松的精神环境。

③ 观察幼儿操作活动中的问题与需要，允许并鼓励他们自己尝试解决操作中的困难，自己纠正错误，在他们需要时给予适度的指导，但不要操之过急，包办代替。

④ 通过评价、交流、分享等活动,扩展幼儿的操作经验,提高个体幼儿的活动质量。

⑤ 根据幼儿发展情况,由浅入深(6块→8块→10块→12块→15块)投放拼图材料;也可以引导幼儿自己用剪刀、彩色笔绘制成拼图卡片,在拼图中比比看谁拼得快又准,如图4-24。

⑥ 指导幼儿进行镶嵌活动,理解整体与部分的关系。

⑦ 鼓励幼儿耐心走迷宫,先找到起点,可以用手指着线路走,熟练后用眼睛目测来走,直到走到终点。

⑧ 指导幼儿学习下棋,重点指导幼儿遵守各种棋的游戏规则。投放棋类玩具时,最好分期分批投放,待幼儿基本掌握一种棋的玩法后,再投放另一种棋,如图4-25。

图4-24

图4-25

⑨ 指导幼儿按纽扣、珠子的大小、颜色、形状等有规律地穿线,并鼓励幼儿发现总结新的规律,提示选择长绳的幼儿可两人合作完成一个作品。

⑩ 指导幼儿自由探索使用筷子的方法,然后根据自己的能力选择材料,用筷子夹"饭"放到娃娃嘴里(提示他们先夹软的好夹的东西,再夹硬的东西)。

11 引导幼儿在生活中学习使用各种用具，照顾自己和他人，增强自理能力和生活能力。

### 4. 配备参考

中班益智区

| 种 类 | 玩 具 材 料 | 数量 |
|---|---|---|
| 数学类 | 1~10的点子卡、数字卡、实物卡、接龙卡，排序卡等 | 1套 |
| 图形拼摆类 | 图形搭配游戏，图形分类卡，图形排序接龙卡等 | 1套 |
| | 记忆拼图、五层拼图、马赛克拼图等 | |
| 巧手操作类 | 穿线练习、摘果子、抛帽子等 | 1套 |
| 趣味棋牌类 | 飞行棋、模仿游戏棋等 | 1套 |
| 快乐迷宫类 | 数字迷宫，轨道游戏板等 | 1套 |
| 智能训练类 | 影子对应游戏、思维训练板等 | 1套 |
| 感官训练类 | 触摸箱（袋）、不同粗糙度的布料、不同冷暖度的触摸板、不同形状的物品等 | 1套 |

## （六）中班建构区

4—5岁的孩子对于各种搭建材料已经比较熟悉，而且具有一定搭建物体的经验。他们开始有意识地搭建某种物品或场景，并在搭建中表现出一定的想象和创意的能力。同时，他们也非常愿意尝试用不同的东西进行搭建，开始有了一定合作搭建的意识，在搭建活动中能反映简单的主题并能尝试运用一定的辅助材料。

例：建构区方案设计

### 1. 目标与内容

进行增宽、架桥等有主题的立体搭建活动，学会综合运用堆高、增宽、围拢、延长、架桥等基本技能，在建构中增强主题意识。在游戏过程中进一步体会、应用基本的数、形知识。

② 进行扣、插、拆、拧、叠、编织等组合搭建活动。

③ 在玩沙中感知沙、土、石等自然物的特性，进行塑形的构建活动。

④ 能有计划、有目的地选择自己所需的材料进行创造性的搭建；学习运用多种技能来构造各种各样的艺术造型。

⑤ 在与同伴交流、合作的游戏中，掌握一定的交往技巧，能表达自己的意思和想法。在游戏中，锻炼手指灵巧、手眼协调和大小肌肉的发展，如图4-26。

(a)

(b)

(c)

图4-26

### 2. 相关资源

积木类：中大型、本色实心积木，中大型彩色空心积木，塑胶积木。

积塑类：组装类、插接类、嵌接类、磁接类、叠接类、扣接类等。

板材类：塑料板、硬纸板、各型木板等。

工具类：沙盘、沙箱、小铲、盘、小桶、筛子、勺瓶等。

模型玩具类：花草、树木、路灯、汽车、路标等。

废旧物：包装箱、塑料瓶、易拉罐、各种瓶子等。

连接材料：夹子、纸、线、绳、胶水等。

相关建构图例、图例展板、建构手册等。

### 3. 指导要点

① 引导幼儿围绕道路与交通，搭大桥等主题开展活动，练习木板与大型积木组合拼搭，玩独木桥、立交桥、斜坡等游戏。搭建中引导幼儿尝试解决路的增宽、标志的增添与摆放、材料组合运用等问题。

② 引导幼儿创造性地使用生活中的材料，如将易拉罐做桥柱、将包装箱做桥身，然后挖孔、打洞，进行钻爬游戏；可与美工区结合制作各种花草、红绿灯、标志等；教师可由幼儿邀请扮演建筑工程师，帮助解决建构中疑难问题。

③ 可围绕挖山洞、修隧道、筑城堡等主题开展玩沙塑形活动，引导幼儿在游戏中感知沙土的黏性和干沙的疏散性、流动性；引导幼儿尝试叠高的方法，干湿沙混合用，获得塑形经验。

④ 要观察幼儿的搭建过程，了解幼儿的建构水平；依据幼儿的需要和操作能力不断提供辅助材料，引导他们运用辅助材料建构。鼓励幼儿勇于尝试并能面对失败，促进幼儿交流合作。

⑤ 提供展示作品的空间，有意识地给幼儿创设条件体验成功。

**4. 配备参考**

中班建构区

| 类　　别 | 玩具材料 | 数　　量 | 备　　注 |
|---|---|---|---|
| 积木 | 中大型、本色实心积木，中大型彩色空心积木，塑胶积木（或城堡型）任选2种 | 1套/种 | 积塑类玩具应是便于清洗的，组装类的积塑应选择边缘光滑的 |
| 积塑 | 组装类、插接类、嵌接类、磁接类、叠接类、扣接类等（任选2种） | 1套/种 | |
| 模型玩具 | 花草、树木、路灯、汽车、路标等 | 若干 | |
| 辅助材料 | 包装箱、塑料瓶、易拉罐、各种瓶子等，相关建构图例、图例展板、建构手册等 | | |
| 工具 | 夹子、纸、线、绳、胶水等 | 2~4种 | |

## （七）中班表演区

4—5岁的孩子已经能够区分现实与想象，他们开始有意识地策划扮演一些角色和情节。因此，中班孩子的表演区域应该更多地考虑孩子之间的相互合作表演，表演的主题和形式也可以是多种多样，同时，教师也可以和孩子共同制作与策划表演区域中需要的各种表演用的乐器、道具、服装、场景、玩偶等。

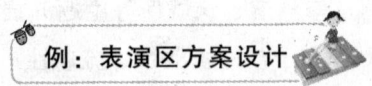

例：表演区方案设计

**1. 目标与内容**

为简单的事物、儿歌、歌曲创编简单的表演动作；用表情和动作扮演自己喜欢的角色，使幼儿敢于在众人面前交流、表演、表现，增强幼儿的自信心和表现力，锻炼胆量。

尝试各种乐器的敲击、演奏方法，能用四分和八分音符的节奏为歌曲和乐曲即兴伴奏，体验合作的乐趣。

 探究乐器的演奏方法，制造不同的音响效果。

 欣赏不同风格的音乐，用多种方式感受、表现。

⑤ 制作简单的表演材料进行表演活动，在表演中幼儿可以相互交流、互相学习、互相借鉴、相互欣赏，可以促进幼儿自我意识、自省能力的形成、发展。

## 2. 相关资源

各种风格的歌曲、乐曲、器乐曲及儿歌、故事表演磁带、空白磁带等。

乐器：铃鼓、撞钟、舞板、双响筒、三角铁、小鼓、大鼓、砂槌等。

生活乐器：各种废旧的锅、盆、罐、杯子、瓶子、盒子等。

自制乐器：二胡、古筝、小提琴等。

偶类材料：常见人物、动物的手偶、指偶、掌偶、袋偶、盘偶及偶类制作材料。

与表演内容相对应的常见人物、动物、自然现象的头饰（图4-27）、服装、表演道具、小舞台（图4-28）等。

图4-27

图4-28

### 3. 指导要点

① 进入活动区时，尽管幼儿自愿选择活动，但教师要有意识的引导一些性格内向、不善表达的孩子到表演区，鼓励他们大胆参与表演活动，培养活泼、外向的性格。

② 要在幼儿掌握一些手臂、身体、脚步律动的基础上，鼓励幼儿为学过的儿歌、歌曲创编表演动作。边播放儿歌或歌曲的磁带，幼儿边按其节拍、歌词内容创编表演动作。

③ 听音乐表演时注意引导幼儿通过辨别音的高低、强弱、快慢来改变动作的力度和速度；及时表扬敢于大胆创编的幼儿，烘托创作氛围，激发幼儿的创作欲望。

④ 引导幼儿观察各种人物说话、走路、劳动等不同特征及状态，有主题地进行模仿活动。主题由幼儿自己提出，也可由教师提出。如扮演生活中的人物形象：老爷爷、警察、美少女等。

⑤ 探究乐器的玩法。组织幼儿讨论："一种乐器都可以怎样敲击？""怎样让它发出不同的声音？"探索不同的效果。

⑥ 引导幼儿用不同的方法、力度、节奏随乐曲演奏乐器或可充当乐器的代替物；并以分奏、合奏的形式进行表演。尝试根据不同的乐曲风格，选择适当的乐器伴奏，如图 4－29。

⑦ 引导幼儿用自制乐器二胡、古筝、小提琴等做模仿游戏。鼓励幼儿克服困难，完成制作任务。

⑧ 幼儿边听音乐，边根据自己

图 4－29

的感受和理解选择并摆出与该音乐形象相关的图片或颜色卡片。

⑨ 活动结束后，组织幼儿将服装、道具分类放回原处。可以选出组长，组织本组幼儿一同进行整理和归类，培养幼儿责任感。

⑩ 在表演的磁带标上号码或标记，便于幼儿表演时独立操作磁带的取、放。

⑪ 为幼儿选择多种风格的乐曲。如：进行曲、摇篮曲、圆舞曲、民族音乐、流行音乐及中外儿童歌曲等。

⑫ 经常用录音机和摄像机录制幼儿的歌唱、朗诵、演奏和表演的节目，与家长们一同分享。这样会获得家长们的大力支持和配合，同时也得到家长们的认可。

### 4. 配备参考

中班表演区

| 类别 | 玩具材料 | 数量 | 备注 |
| --- | --- | --- | --- |
| 服装、饰物 | 表演内容相对应的常见人物、动物、自然现象的头饰、服装、表演道具 | 若干 | 选择生活乐器应注意安全、卫生 |
| 偶类材料 | 常见人物、动物的手偶、指偶、掌偶、袋偶、盘偶及偶类制作材料 | 若干 | |
| 专业乐器 | 铃鼓、撞钟、舞板、双响筒、三角铁、小鼓、大鼓、砂槌等 | 1～2件/种 | |
| 生活乐器 | 各种废旧的锅、盆、罐、杯子、瓶子、盒子等 | 若干 | |
| 音像材料 | 各种风格的歌曲、乐曲、器乐曲及儿歌、故事表演磁带、空白磁带等 | 若干 | |

# 三、大班（5—6岁）活动区课程指导方案

## （一）大班角色区

5—6幼儿的生活经验和想象力更加丰富，交往技能也不断提高，他们所扮演的角色范围可以从"家庭"到周围的"社区"到更加广阔的空间，通过各种角色来了解周围世界。他们会将自己融入所扮演的角色中，表现出该角色的各种特征，有时还会刻意用夸大的言词和动作来诠释角色；他们能将装扮行为融入主题情境，围绕主题扮演较长时间，并表现事情发生的先后顺序或各行为动作间的因果关系；他们能接受并进行"规划性"活动或"合作游戏"，通常能主动地邀人合作或配合他人游戏，进行有意义的交谈，能真正有始有终地演出一段戏。所以，大班的社会扮演区内容可以有多种，可以在继续深入进行中班角色游戏基础上，增加更多的内容，如医院、银行、超市等，并随着幼儿的兴趣和主题教育内容而不断丰富和更换，也可以在单个内容的基础上进行各方面内容的"联合游戏"。

例：娃娃商店方案设计

### 1. 目标与内容

① 知道商店的用途，了解"商店"的设施和商品投放情况。进一步运用分类的方法。

② 了解"商店"售货员、收银员的工作特点和主要工作内容。

③ 喜欢并能积极模仿、扮演售货员、收银员和顾客的角色，体验游戏中的快乐。

④ 学习用简单的数学知识解决游戏中的问题，如在"商店"的买卖中积极运用加减运算的方法收款或找零钱。

⑤ 学习处理交往中的"冲突"，能够体验他人的情绪，学会关心、帮助同伴，学习互助和合作。逐步学会轮流、分享、谦让和合作等交往技能。遵守游戏规则，有责任感。

**2. 相关资源**

（1）各类商品

食物类：如水果、蔬菜、点心、糖果等模型，饮料、小食品等的包装盒和包装袋。

玩具类：如小汽车、娃娃、球等。

服装类：如各种儿童服装、鞋帽、饰品等。

生活用品类：洗漱、清洁用品、餐具和炊具等。

文具类：各种笔、本、书包、文具盒等。

其他用品：购物车、购物筐、购物袋、各种钱币代用券、收款机模型等。

（2）其他

商店的招牌，如"××商店"；货架上商品的标志或价签；商品的广告宣传画片；售货员、收银员的服饰：如帽子、服装、挂牌等。

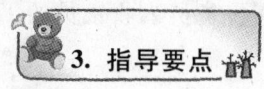

**3. 指导要点**

① 教师和幼儿共同商量和创设"商店"的区域环境，让幼儿熟悉并了解其设施、材料及"商品"分类摆放情况。

② 收集废旧材料或把美工区中自制的相应物品放到"商店"中去，如：自制的食品模型、日用品模型等。

③ 教师和幼儿共同制定"商店"的游戏规则，如售货员和顾客的数量、服务用语、"商品"的整理及买卖的方式等。

④ 鼓励幼儿自己选择游戏的角色进行模仿。注意观察幼儿的游戏过程，发现有消极情绪或不符合角色身份的行为时，教师可提醒幼儿想一想商店里售货员是怎样工作的。

⑤ 当某幼儿想去"商店"买东西又不知如何加入时，可以提醒售货员迎接"顾客"，或以"经理"的身份说："我们今天有新产品，快进来看一看，请售货员给你介绍一下。"

⑥ 当幼儿都想进入"商店"扮演"售货员"时，可以引导幼儿先按先后顺序来选择，然后轮流，或玩过的幼儿谦让一下，或以"猜拳"的方式，胜者先玩。

⑦ 上"超市"时要从"入口"进，从"出口"出，买了东西后要到"收银台"付款。在交款环节出现问题时，教师可提示两位"售货员"收款，互相检验。当"顾客"较多时，"售货员"可提醒大家排队，不要大声吵嚷和拥挤。

⑧ 教师引导幼儿将数学知识运用到游戏中，如购买的商品加起来一共多少钱？应该怎样付费等。

⑨ 发动家长带幼儿到超市、商店购物，观察售货员或收银员的工作，引导幼儿进行模仿。

### 4. 配备参考

**大班角色区**

| 区域 | 种类 | 玩具材料 | 数量 | 备注 |
| --- | --- | --- | --- | --- |
| 银行 | 钱币 | 各种面值的人民币代用券 | 适量 | 钱币必须使用代用券 |
| | 服饰 | 银行职员的服饰、名签、保安的服饰 | | |
| | 用具 | 小计算器、验钞机模型、电脑、排号机模型 | | |
| | 其他材料 | 存单、笔、存折和卡 | | |

续表

| 区域 | 种类 | 玩具材料 | 数量 | 备注 |
|------|------|----------|------|------|
| 超市 | 食物 | 水果、蔬菜、点心、鱼、肉、蛋等模型，饮料、小食品的包装盒和包装袋 | 适量 | 饮料瓶、小食品包装在使用前必须清洁干净避免使用玻璃制品 |
| | 玩具 | 小汽车、娃娃、球 | | |
| | 服装 | 各类儿童服装、鞋帽、饰品 | | |
| | 生活用品 | 洗漱用品、清洁用品、玩具的餐具、炊具 | | |
| | 学习用品 | 笔、本、书包、各种文具用品 | | |
| | 服饰 | 收银员、理货员、经理的服饰、名签 | | |
| | 其他材料 | 购物车、购物筐、购物袋、钱币代用券、收款机模型 | | |

## （二）大班语言区

5—6岁的幼儿已经具有一定的阅读习惯和阅读能力，他们在一定阅读经验的基础上对于各种各样的图书都具有一定的兴趣，并且开始具有一定的尝试自制、创编、表演儿歌、故事图书的能力。因此，为大班孩子提供的阅读区域的空间可以相对大一些，可以相对划分为读书区、书写区，提供多种类、多文化背景、多体裁形式的图书报刊材料，甚至提供教师和儿童自己制作的图书，促进儿童听、说、读、写、演能力的不断发展。

例：语言区方案设计

**1. 目标与内容**

① 能持续、专注地倾听，有良好的倾听习惯。

② 愿意大胆表达自己的想法，尝试运用肢体语言和语感表达自己的所做所想。

③ 掌握基本的阅读方法，养成良好的阅读习惯。

④ 认识生活中常见的符号、标志及文字，理解其意思。

⑤ 掌握正确的书写姿势和运笔方法，在各种有趣的活动中对汉字感兴趣。

⑥ 在游戏及活动中运用简单的图像、符号等形式进行表达。

⑦ 制作图书用的多种材料（废旧画报、毛线、彩笔等）。

⑧ 修补图书的材料：透明胶、双面胶、剪刀、胶棒、打孔器、订书器、笔、纸等。

⑨ 坚持说普通话，发音准确。

## 2. 相关资源

（1）图文类材料

各种图书：常识类图书、益智类图书、故事类图书等。

各种卡片：图卡、字卡、接龙卡片、汉字的演变图片、偏旁汉字书；汉字镂空板等。

其他：各种转盘、转筒、故事盒等教师自制玩教具。

（2）表演类材料

手偶、指偶、头饰（动物、人物等），如图4-30。

表演需要的服装及道具：如：小筐、医药箱、故事背景等。

（3）工具类材料

音像类材料如：录音机、磁带、有声读物、电视、VCD等。

修补箱（透明胶、双面胶、剪刀、胶棒、打孔器、订书器、笔、纸等）。

## 3. 指导要点

① 指导幼儿借助音像器材听、说故事、儿歌等，保证幼儿用电安全；

图 4-30

在同伴表达时,提醒幼儿安静、集中注意力倾听他人讲述的主要内容,能力强的幼儿可以边听边思考。

☆2 引导幼儿结合作品中的角色、故事情节选择、运用表演道具进行表演;指导幼儿运用丰富的词汇、表情、动作进行表现;启发幼儿根据文学作品的线索和结构进行创编、仿编、续编故事、儿歌等;鼓励幼儿能与同伴合作,运用道具共同进行表演。

☆3 与幼儿共同制作各种阅读规则提示和标志,提醒幼儿按照阅读提示和标志进行阅读活动,逐渐帮助幼儿养成安静阅读,正确翻看图书等良好的阅读习惯。

☆4 提醒幼儿当图书受损时,应及时想办法主动修补图书;引导幼儿根据图书受损情况,能选择不同的修补方法。

☆5 帮助幼儿以图文配对等形式,了解标志在生活中的应用,丰富词汇量;在认读标志的基础上,指导幼儿为标志归类(如:禁止类标志、警示性标志、指示性标志等)。

☆6 教会幼儿正确、安全地使用订书器、打孔器;引导幼儿按照图书的基本结构(封面、封底、书页、页码等)制作图书;提醒幼儿一本书要按照一个主线或主题来制作;启发幼儿通过多种形式(剪贴、绘画等),利用多种材料(废旧画报、毛线、彩笔等）自制图书，并与同伴阅读分享。

 及时与家长沟通、配合，建议在家庭里也建立图书区。

### 大班语言区

| 序号 | 类别 | 玩具材料 | 数量 |
|---|---|---|---|
| 1 | 故事类 | 故事背景图、与故事相对应的人物形象图片等若干 | 1盒 |
| 2 | 词语训练类 | 词语开花训练材料、量词游戏材料、各种语言游戏模板等 | 1盒 |
| 3 | 表演讲述类 | 表演讲述盒：各种动物形象、人物形象的指偶若干，排图讲述图片、选图讲述图片、续编故事等若干 | 1盒 |
| 4 | 早期阅读训练类 | 早期阅读训练盒：字棋游戏、拼音游戏、拼字魔方、扩句缩句游戏卡等若干 | 1盒 |
| 5 | 采访类 | 小记者工具箱：仿真相机、仿真摄像机、仿真话筒等 | 1盒 |
| 6 | 图书类 | 国外经典故事、国内经典故事民间故事、成语故事、科幻故事、幼儿生活故事、童话故事等 | 5种20本 |
| 7 | 工具类 | 透明胶、双面胶、胶棒、剪刀、打孔器、订书器、笔、纸等修补图书、制作图书的工具 | 若干 |

## （三）大班科学区

5—6岁幼儿的好奇心和探究欲望更加强烈，对于周围的世界开始有了自己独特的理解。他们能够建立周围事物的基本类别，并能观察到事物比较细小的不同。同时，他们也开始尝试运用各种方法进行科学探索和发现，因此，对于大班科学发现区的设置与指导重点应该在于提供各种不同类别的物品，让孩子学会运用观察与猜想、动手实验、记录、交流与表达等方法进行科学探索，并在此过程中培养他们对事物的初步科学的态度和认知。

例：科学区方案设计

## 1. 目标与内容

① 认识和了解农作物及其种子，了解种子在不同的土质里的生长情况和植物生长的向光性，如图 4-31。

图 4-31

② 认识各种树木，观察、了解树的结构以及落叶树与常绿树的特征。

③ 初步了解一些动物的繁殖方式和生长过程。了解动物的生长环境，增强环保意识。

④ 认识恐龙，对远古动物有探究的兴趣。

⑤ 进一步了解纸的不同特性，探索水滴在不同纸上的结果。

⑥ 感知水的特性，探索水的三态变化和张力，初步了解其变化的条件。

⑦ 进一步感知沙子的特性，探究沙子的运动与工具的关系。

⑧ 进一步了解土的多样性，用土进行造型创作。

探索声音的产生和传播,感知声音在不同物质中传递的情况。

 认识各种电池,了解电池的作用和使用方法。

 认识各种镜子,了解它们的用途并学习使用。

## 2. 相关资源

动物类:饲养角中的胎生、卵生动物;一些动物,如恐龙的标本、模型和图片、拼图等。

植物类:农作物及其种子、花草树木等的实物、模型和图片、拼图等,如图4-32。

自然物类:各种沙、土、石头等。

实验操作类:放大镜、望远镜、显微镜、太阳镜等;颜色、食用色素、天平、滤网、匙、铲、勺、筛、滤器、漏斗、量杯、量勺、量瓶、钳子、镊子、喷壶等,土壤样品、温度计、有关磁铁、水、沙子、力、空气光、影子等的材料等,防水围裙或罩衣、记录纸、记录笔。

图4-32

环保方面的材料:有关生态平衡、保护色、大气污染等方面的图书、图片。

## 3. 指导要点

☆ 引导幼儿观察农作物及其种子,了解其外形特征,并把种子分别放到不同的透明盒或瓶里,画上标签,放在农作物展览角中;教师和幼儿共同把种子种在泥、沙、棉花、锯末等里,引导幼儿观察、猜想并做好记录。

★2 引导幼儿在户外观察的基础上,再查看图片和有关图书,仔细观察树有哪几部分,如树根、树干、树枝、树叶等;鼓励幼儿采集各种树的叶子、果实,用放大镜观察它们在外形、颜色、脉络等方面有何异同。引导幼儿做树和叶子的拼图游戏;引导幼儿进一步了解落叶与常绿树的不同特征,并进行比较分类;指导幼儿用铅笔和画纸进行树叶拓印活动。

★3 引导幼儿将动物按出生方式在分类板上进行分类,并统计、记录分类结果。玩"帮蛋找妈妈"的游戏。引导幼儿观察青蛙、蝴蝶等动物生长过程的图片,有条件的可以和幼儿一起养些蝌蚪,观察并记录其生长变化过程。

★4 引导幼儿看有关恐龙的图书、资料,讲讲有关恐龙的故事;鼓励幼儿对恐龙的消失进行大胆猜测和讨论;鼓励幼儿用各种方式(如绘画、用废旧物搭建等)给恐龙建造美好的家园。

★5 指导幼儿看一看,摸一摸了解纸的不同;指导幼儿动手尝试操作,观察纸的吸水性,并做好观察记录。

★6 引导幼儿用多种感官(用眼看、用鼻子闻等)感知水无色、无味的特性。通过三态变化的实验,感知水的三种不同存在状态。

★7 指导幼儿把沙子装在纸漏斗、扎眼的酸奶瓶里进行作画、用沙漏玩沙;观察沙子的变化,引导幼儿发现沙子流动的特性;指导幼儿探究沙漏速度与漏口大小、多少的关系。

★8 让幼儿观察、触摸不同的土,比较土的不同;引导幼儿往装不同土的小瓶里倒水,观察有什么现象发生,哪种土吸水多;引导幼儿用土、泥做各种造型创作活动。

★9 引导幼儿尝试用各种办法如敲、打、吹等,让物品发出声音,感知声音与材料之间的关系。

★10 引导幼儿认识各种电池,了解电池的正负极,进行操作,如电动玩具怎样动起来等。

⭐11 引导幼儿观察、比较各种镜子，说说它们在外形上有什么异同；引导幼儿使用各种镜子，体会用它们看东西有哪些不同，初步了解各种镜子的用途。

⭐12 在引导幼儿观察事物时，提醒他们借助于温度计、放大镜、尺子、天平等工具，让他们体会到用它们能获得更多的具体的信息。

⭐13 支持幼儿之间的合作、交流与分享。

⭐14 邀请有经验的家长和科学教育工作者等为幼儿讲解知识、指导活动。

## 4. 配备参考

大班科学区

| 种类 | 玩具材料 | 数量 |
|---|---|---|
| 玩水材料 | 水舀、漏斗、水杯、空心塑料管、海绵、量杯、沙水车等若干 | 1盒 |
| 磁性实验材料 | U形磁铁、条型磁铁、铁及非铁制品、绒布、小指南针等 | 1盒 |
| 摩擦实验材料 | 塑料棒、毛皮、绸子、纸屑等 | 1盒 |
| 空气实验材料 | 吸管、空瓶子、针筒、小塑料圆面降落伞、小火箭模型、气球直升机、小打气筒等 | 1盒 |
| 弹性实验材料 | 螺旋桨小车、橡皮筋、小弹簧、弹簧秤等 | 1盒 |
| 电的实验材料 | 不同型号的电池、小电珠、电线、线绳、橡皮筋、单节电池盒、铡刀开关和灯座等 | 1盒 |
| 光感实验材料 | 多块平面镜、放大镜、望远镜、万花筒、混色片等 | 1盒 |
| 人体科学材料 | 人体拼图、有趣的关节、消化系统模拟图等 | 1盒 |
| 动物类材料 | 昆虫等动物标本、实物和图片 | 若干 |
| 植物类材料 | 蔬菜、农作物、花草树木、干果、水果等实物和卡片 | 若干 |
| 用具 | 温度计、镊子、天平等以及防水围裙或罩衣 | 若干 |
| 其他 | 纸、笔、记录表等 | 若干 |

## （四）大班数学区

5—6岁幼儿已经建立了关于10以内的数量关系、生活中简单的时间概念、能辨认并寻找正方形、长方形、三角形、梯形等平面图形，对事物能够进行简单的分类和排序等，她们能够发现生活中简单的数学现象，也对这些数学现象在生活中的运用充满好奇心和探究欲望。随着数学能力的不断提高，他们开始能够运用数字进行简单的运算，并能建立立体的空间概念，在不断地发现和探索中培养思维的灵活性、敏捷性和准确性。

### 例：数学区方案设计

#### 1. 目标与内容

1. 巩固认识并书写10以内的数，练习顺数、倒数。
2. 认识单双数，初步理解单双数的含义。
3. 练习10以内数的组成与加减。
4. 学习简单的自然测量的方法。初步学习简单的统计和记录方法。
5. 能不受大小、形状、位置的影响，初步感受量的守恒。
6. 认识时钟，学会看整点、半点；知道整点、半点的计时方法。
7. 能进行两个维度的分类和排序活动。
8. 能根据生活经验进行10以内简单的编题游戏。
9. 能进行8块以上的拼图游戏。
10. 观察并辨认正方体、长方体、圆柱体。

**2. 相关资源**

10以内的数字、圆点卡片、加减及组合符号。

时钟模型、制作表盘的各种材料,及记录时间的记录单。

绳子、尺子、雪糕棍等测量用具。

分解、加减练习小图片及记录单。

盛水用的大小不同的瓶子、盆等。

8块以上的拼图卡片。

两个维度的分类排序卡片。

正方体、长方体、圆柱体的积木,印泥,各种体的盒子等。

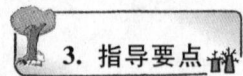
**3. 指导要点**

① 指导幼儿运用各种积木沾染印泥进行积木每个面的拓印活动,并剪贴下来给积木穿新衣,引导幼儿感知立体图形都有几个面,每个面是什么样子的。

② 请幼儿数数阶梯图有几层阶梯,引导他们利用小动物做上下楼梯的游戏,要边操作边练习1~10的正数和倒数;请幼儿观察数字宝宝住在田字格里的哪些小房间、仔细慢慢地临摹书写,提醒他们书写时要保持正确的姿势。

③ 指导幼儿操作图片、圆点卡片等,运用一对一的方法,认识单数和双数。

④ 指导幼儿操作材料:如给娃娃分饼干等,学习10以内的分解组成。学习编10以内的应用题。

⑤ 引导幼儿学习测量,学会统计的方法,如图4-33。

⑥ 请幼儿将相同的水装到不同大小的瓶子里,感受容积守恒。

⑦ 引导幼儿认识整点和半点,学习记录整点与半点的方法。

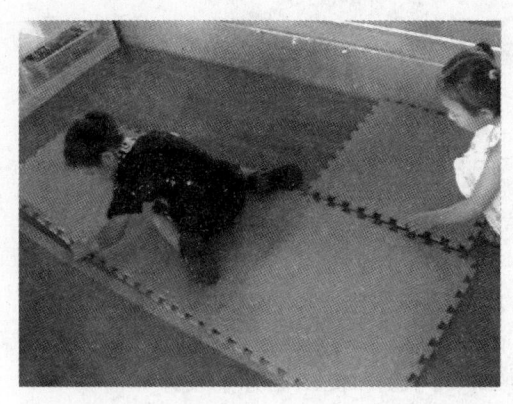

图 4-33

⑧ 指导幼儿进行动物、植物等有趣图形的拼图游戏,感知部分与整体之间的相互关系。

⑨ 引导幼儿观察分类及排序卡片的特征,并能够多角度对卡片进行分类和排序,并能说出分类排序的规律。

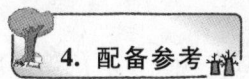 **4. 配备参考**

大班数学区

| 类别 | 玩具材料 | 数量 |
| --- | --- | --- |
| 数字 | 数字卡片盒:1~100个数字卡、操作板 | 1盒 |
| 分解组合 | 分解组合演示盒:1~10的数字点卡、数字卡 | 1盒 |
| 加减法运算 | 加减法运算盒:数字转珠架 | 1盒 |
| 加减应用题 | 加减应用题盒:彩色磁性卡片、数字卡片、应用题背景卡 | 1盒 |
| 立体形状 | 立体形状盒:常见的几种立体形状、(正方体、正四棱柱、空心圆柱体、球体)立体形状的展开图片 | 1盒 |
| 图形等分 | 图形等分盒:正方形、圆形、三角形 | 1盒 |
| 守恒实验 | 守恒实验盒:正方体、题卡、方块守恒盒 | 1盒 |
| 时间 | 时间宝盒:时钟、日历牌 | 1盒 |

## （五）大班美工区

5—6岁的孩子在小班和中班的基础上对于美术创意的各种工具与材料及其使用已经比较熟悉，他们的视野也更加开阔，因此，对于大班美术创意区的设置与指导重点在于提供各种美术创意的工具与材料，使他们在创意的过程中能够灵活运用各种材料进行不同的个性化的艺术创意表达。

例：美工区方案设计

1. 目标与内容

① 运用较有表现力的线条、形状和色彩进行简单构图，合理安排画面。

② 欣赏感兴趣的绘画作品、民间工艺品、建筑物、雕塑、自然风景、节日情景等多种类型的艺术美，并引起审美联想。

③ 在认识各种颜色的基础上，逐渐熟悉颜色的特性，分辨色彩的干稀、浓淡、冷暖，大胆进行配色，并大胆使用色彩表达情感。

④ 用泥工方法塑造较复杂结构的形象，表现其主要特征及某些细节。

⑤ 会用剪、折、刻、粘、镂空等方法进行创意制作立体造型玩具，并加以装饰表现一定的艺术性，如图4-34。

2. 相关资源

（1）工具类材料

各种颜色的油画棒、彩色笔、铅笔、签字笔、粉笔、各种颜色的颜料或涂料，如图4-35。

橡皮泥、泥工板、陶土、和入棉花的黄土。

毛笔、刷子、剪刀、尺子、各种胶剂。

图 4-34

图 4-35

（2）纸张类材料

大小、形状不同的图画纸。

颜色、质地、形状不同的纸张：如不干胶纸、无纺布纸、透描纸、手揉纸、宣纸、瓦楞纸、壁纸、彩色打印纸、旧报纸、亮光纸等，如图 4-36。

图 4-36

（3）装订连接材料

打孔机、订书机、曲别针、小夹子等。

（4）废旧材料及其他

各种废旧材料，如盒子、瓶子、果壳、麦秆、海鲜壳、鹅卵石、蛋壳、雪糕棍、布块、棉花、线绳、泡沫块、铅笔屑、锯末等。

各种半成品材料，如扎有眼的瓶子等。

### 3. 指导要点

① 教师和幼儿共同商量、制定美工区规则。引导幼儿按规则进行操作，培养幼儿责任感。鼓励幼儿围绕主题互相商量、共同构思合作完成一幅作品。

② 引导幼儿学习欣赏并感受作品中形象的造型美、色彩的色调及其情感表现性、构图的对称、均衡、节奏与和谐美，在欣赏的同时引导幼儿根据自己的理解和感受进行大胆地想象创作。

③ 提供铺在地上的纸或塑料布，方便幼儿调色和用色彩进行绘画。引导幼儿尝试配置同种色、类似色、对比色。导幼儿用纸版画、水墨画、刮画、吸附画、染纸等方法提高运用色彩的技巧，从活动中体验色彩的丰富和配置色彩的快乐。

④ 为幼儿提供存放和展示泥工作品的空间，引导幼儿互相欣赏、交流和评价，如图 4-37。

⑤ 引导幼儿能根据提供的废旧材料有目的地选择、利用，制作立体作品。提示幼儿注意制作过程中使用各类工具的安全，增强幼儿自我保护意识。

图 4-37

⑥ 不要同时给孩子过多的材料，要通过观察，设法了解孩子使用哪些材料才能最好地学习和表达他们的感情。

⑦ 要让幼儿体验所有美术形式：如撕、剪、贴、水彩、蜡笔、粉笔画、立体制作等。避免创作形式的限制、材料的单一、规则的呆板，让孩子在更为开放的环境中自由学习和创造。如让孩子们在旧椅子上、旧鞋子上、废旧纸盒上随心所欲地涂画。

⑧ 大班幼儿需要连续的时间和足够的材料去进行创作活动,要创造条件满足孩子的这些需要。

⑨ 教会幼儿分工合作收拾整理物品,清洁区域。

### 4. 配备参考

大班美工区

| 类别 | 玩具材料 | 数量 | 备注 |
| --- | --- | --- | --- |
| 工具类 | 各种颜色的油画棒、彩色笔、铅笔、签字笔 | 8盒以上 | 涂料应选择环保的 |
| | 毛笔、水粉笔 | 15支以上 | |
| | 各种颜色的颜料或涂料 | 4～6种 | |
| | 刷子、剪刀、尺子、各种胶 | 适量 | |
| | 装订连接:打孔机、订书机、小夹子等 | | |
| | 橡皮泥、泥工板、陶土、和入棉花的黄土 | | |
| 材料类 | 颜色、质地、形状不同的纸张 | 6种 | |
| | 大小、形状不同的图画纸 | | |
| | 各种废旧材料:大小不同的纸盒、果壳、麦秆、鹅卵石、蛋壳、雪糕棍、布块、棉花、线绳、吸管 | 6种以上 | |
| | 各种半成品材料 | | |

## (六)大班益智区

5—6岁幼儿有意注意和持续观察的时间比中班幼儿更长,思维正在从具体形象思维向抽象逻辑思维发展,喜欢具有一定挑战性的智力活动。所以大班应该提供丰富的有一定操作难度的材料和玩具,不仅要考虑这个年龄段幼儿的普遍需要,还要考虑幼儿的个别差异和个别需求。要指导大班幼儿对事物的细节进行观察,对事物发展的过程进行感知,以提高对事物因果关系的判断,对事物变化规律的理解和推理。

例：益智区方案设计

### 1. 目标与内容

① 通过操作具有一定挑战性的益智玩具、材料，体验动脑思考、动手操作后取得成功的乐趣，并在活动中进一步增强专注力和观察、思维能力。

② 会持续、细致、有序地观察和感知，能从各种角度、方向观察同一件物品，能进行多块的物体镶嵌、拼图和走迷宫游戏。

③ 能理解身边一些事物间的因果关系，喜欢故事推理，锻炼理解力和判断力。

④ 能尝试按物体的两个以上特征进行分类和推理排序，如〇—□—◎—※—？—□，锻炼逻辑思维能力。

⑤ 尝试使用、操作一些工具，锻炼小肌肉的灵活性和协调性，提高生活能力和适应环境的能力。

⑥ 喜欢参与规则性、竞赛性游戏，如宾果、扑克牌、走线、棋类等，激发竞争意识和自信心，形成规则意识，锻炼意志品质。

⑦ 喜欢制作简单的益智玩具。

### 2. 相关资源

（1）感知操作类材料

拼拆类材料：六面拼图、平面拼图（15~20片分割片）、地图拼图、立体拼图（布艺、木制拼拆物）、七巧板、几何拼图等，如图4-38。

镶嵌类材料：各种多块的动、植物和人体、地图的嵌板。

观察图片类："找相同"或"找不同"的观察图片或图书。

迷宫类材料：用纸板盒制作的迷宫模型或迷宫图案。

小肌肉操作类材料：形状、大小、颜色各异的穿珠；穿线板、粗、细自由线；鞋子模型和鞋带；编织、十字绣等材料、各种小工具等，如图4-39。

图4-38

图4-39

（2）逻辑与关系类材料：

棋类玩具："好孩子棋"、"梯子棋"、"滑板棋""四子棋"、"跳棋"、"扣子棋"、"军棋"等。

图片材料：反映事物间关联或因果关系的图片若干。

排序推理材料：如颜色、大小、形状不同的纸制品、木制品、布面卡片、序列推理图等。

分类材料：分类盒、二因子分类图、各种分类卡和物品。宾果、扑克牌、多米诺牌等。

**3. 指导要点**

① 引导幼儿细致观察，快速找到"相同"图片进行配对，并尝试用符号或数字等做相对应的标志。

② 指导幼儿先感知地图，如可以先笼统感知东西两半球，知道有几大洲，把各大洲的嵌板拿出来，用眼观察、用手触摸，然后镶嵌回原来的位置；在此基础上可以具体地感知中国地图或亚洲地图等。

③ 引导幼儿两人一组共同探索多米诺牌的玩法，并根据实践总结摆牌

的技巧；不断增加游戏难度。

⭐4 指导幼儿不断尝试提高拼图的速度，如将图形一片片翻正、先找出边缘的小片再拼中间等方法；可以根据幼儿实际情况不断增加拼图的块数和难度。

⭐5 鼓励幼儿观察迷宫，开始时用手指沿线路走，熟练后用眼睛目测来走，引导幼儿自制迷宫与同伴玩；引导幼儿在认识、理解的基础上尝试用各种标志或文字、符号来在"迷宫"图片或模型上重新设计新的迷宫来玩。

⭐6 引导幼儿两人一组进行各类棋类游戏。鼓励幼儿在原来棋的基础上自己设计简单的棋，参与制定一些玩棋的新规则，增加玩的兴趣；引导幼儿正确看待输赢。在投放棋类玩具时，应先投放一些趣味性强、难度较小的棋类，主要帮助幼儿了解棋类玩具的规则性，在幼儿熟练掌握之后在再投放难度较大的四子棋、跳棋等。

⭐7 引导幼儿由两种特征分类过渡到按三种特征分类。

⭐8 引导幼儿根据十字绣的名称，探索十字绣的方法；将幼儿的作品在展示板上进行展览，让幼儿体验成功的快乐，树立自信心。

⭐9 指导幼儿学习基本的编织方法，鼓励幼儿用碎布头、珍珠棉、针线缝制简单的小玩具，如饺子、毛毛虫等。

⭐10 提供给幼儿使用工具的图书或录像，或提醒他们注意观察家长如何使用它们；指导幼儿练习使用这些小工具，给其示范正确的使用方法；提醒幼儿注意安全。

⭐11 益智区的教具、玩具种类繁多，不要同时给幼儿过多的材料，要有计划按照其学习目标循序渐进地系统性地投放材料。

⭐12 一些需要指导的玩具，如棋类、扑克牌等，老师可以通过小组活动方式向幼儿介绍其玩法和规则，然后再放入活动区；对于属于自我修正或创意性的材料、玩具，如拼图等，可直接放入活动区，让幼儿自行探索。

13. 教师要适时地注意材料的调整，如幼儿在完全掌握玩具玩法的基础上，可以同幼儿商量如何增加材料的难度、想出更多、更新的玩法，以便保持对玩具的兴趣。

14. 设定"展示区"，让幼儿将作品放在柜子台面或窗台上，并标上姓名，借此培养幼儿珍惜自己的成果、也尊重他人作品的素质。

15. 引导并教会幼儿分工合作收拾整理物品，清洁区域。

## 4. 配备参考

**大班益智区**

| 类别 | 玩具材料 | 数量 |
| --- | --- | --- |
| 拼图类 | 拼图宝盒：包括立体六面拼图、平面拼图（15~20个分割片）、地图拼图、立体拼图（布艺、木制物）七巧板几何拼图等 | 1盒 |
| 镶嵌类 | 各种多块的动、植物和人体、地图的嵌板 | 1套 |
| 观察图片类 | "找相同"或"找不同"的观察图片或图书 | 1套 |
| 迷宫类 | 小球走迷宫、国旗找位迷宫。用纸板盒制作的迷宫模型或迷宫图案 | 1套 |
| 操作类 | 巧手操作盒：形状、大小、颜色各异的穿珠；穿线板、粗、细自由线；鞋子模型和鞋带；编织、十字绣等材料、各种小工具等 | 1盒 |
| 棋类玩具 | 趣味棋牌盒：五子棋、立体四方棋、跳棋、扣子棋、军棋等 | 1盒 |
| 智能训练类 | 各种观察、比较、分析、概括、排序、推理训练卡等 | 1套 |

## （七）大班建构区

5—6岁的孩子常常表现出令成人吃惊的搭建能力，他们灵活地运用着各种材料去创造性地表现生活和他们对于某种物品或形象的喜爱。在搭建活动中他们比小班和中班的孩子表现出更加长久的专注与坚持，他们能够自己独立或在成人、同伴的帮助下解决搭建过程中遇到的各种问题，并有了较强的合作搭建的意识，与同伴一起去表现一个更为壮观、更为复杂的主题场景。

例：建构区方案设计

1. 目标与内容

① 参与制定有关建构区活动的规则，设计玩具放置标志。

② 进行立体组合搭建，尝试不同材料的连接方法。

③ 在建构过程中记录并进行成果展示。

④ 用自然物及废旧物进行搭建活动。

⑤ 进行复杂的建构活动及木工活动。

⑥ 在玩沙土中体会沙、土的特性，练习做沙、土的小实验，用沙土、石块等塑形开展游戏。

⑦ 复习并运用统计、分类、等分、对比、形体、整体部分等数学知识，并能将其与游戏结合。

2. 相关资源

积木类：大中小型实心积木，塑胶积木（插管型），混合积木，多米诺积木等。

积塑类：插接类、嵌接类、轨接类、扣接类、齿轮类、组装类（含工具）。

板材类：软木板、有机玻璃板、塑料板、硬纸板等。

工具类：桶、铲、罐、勺、筛子、漏斗、小锯、螺丝刀、钳子、锤子等。

模型玩具类：各式模具。

废旧物材料类：各式瓶、罐、塑料袋、布、纸盒、纸箱、空心管子等，如图4-40。

图4-40

相关书籍、海报、照片、图片。

连接材料：纸、线、绳、黏合剂、夹子、书钉铁丝等。

沙土类贝壳、石子及沙土模具。

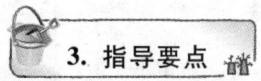

**3. 指导要点**

① 和幼儿一起制定必要的规则，增强幼儿的规则意识，使他们变被动接受要求为主动遵守规则。

② 墙壁布置要求与幼儿的身高相适宜，可用收集的资料图片、幼儿绘画、手工等作品组成，用与建构相关的材料布置墙壁。

③ 可围绕社区、港口、火车站主题开展建构活动，引导幼儿联想、创造。引导幼儿先协商，达成一致意见后通过小组分工合作进行有序的搭建（图4-40）。除考虑形似外，引导幼儿注意颜色搭配，如每层楼用不同的颜色等。

④ 引导幼儿在同一主题建构活动中运用不同建构技能，从不同角度表现事物特征；选用不同的结构材料；用同一材料造出不同的造型等。

⑤ 引导幼儿间相互评价，从他评过渡到自评。在建构活动中引导幼儿进行小组建构，测量、记录、统计建构结果。

⑥ 引导幼儿合理运用废旧材料自然造型,进行想象构建,尝试不同材料连接的方法。可以与幼儿讨论材料的替代物,探讨不同的材质的最佳建构方法,避免建构中受阻,丰富幼儿想象。提示幼儿注意工具使用的安全。

⑦ 引导幼儿利用干沙、湿沙、干土、湿土等特性不同的材料进行建构,将经验有机结合;尝试筑高的不同方法。

⑧ 游戏后引导幼儿整理区域,注意个人卫生。

**4. 配备参考**

大班建构区

| 种类 | 玩具材料 | 数量 |
|---|---|---|
| 积木 | 大中小型实心积木,塑胶积木(插管型),混合积木,多米诺积木等 | 1套 |
| 积塑 | 插接类、嵌接类、轨接类、扣接类、齿轮类、组装类(含工具) | 1套 |
| 辅助材料 | 软木板、有机玻璃板、塑料板、硬纸板等 | 2种以上 |
| 模型玩具 | 各式模型玩具 | 1套 |
| 废旧物材料 | 各式塑料袋、布、纸盒、纸箱空心管等 | 若干 |
| 工具 | 桶、铲、罐、勺、锯、螺丝刀、钳子、锤子等 | 5套 |
| 连接材料 | 纸、线、绳、黏合剂、夹子、书钉、铁丝等 | 若干 |

## (八)大班表演区

5—6岁的孩子已经具有了一定的表演意识和表演能力,他们能够在成人的指导下较为独立地策划组织一些表演活动,并合作创意一些表演内容和表演所需要的各种服装、道具、场景,表演的情节与内容与小班中班相比也较为复杂。同时,他们在表演活动中也能逐渐学会商量分配角色,设计动作与情节,表演中也会较多地考虑艺术色彩的渲染。

例：表演区方案设计

1. 目标与内容

① 通过参与表演活动，逐渐学会按着表演的角色装扮自己，对服装的选择、色彩的搭配、动作的表现等有美的感受、表达和运用，充分享受创造的快乐。

② 探索各种打击种乐器的演奏方式和效果，感受与他人合作的快乐。

③ 感受不同风格的艺术作品，并产生丰富的想象，能用语言、动作、表情、图画等形式表现出来。

④ 学跳民族舞蹈，感受京剧的演唱风格，了解民族文化的多样性。

⑤ 尝试自制乐器、表演材料及服装的创作，提高幼儿的动脑、动手能力，使幼儿从小就有兴趣从事创造活动，对创作结果产生自豪感。

2. 相关资源

化妆品：提供化妆盒及常用化妆品。

装饰品：头花、发卡、皮套、头套、纱巾、帽子、眼镜、金银贴等。

半成品材料：用废报纸、牛皮纸、挂历纸、硬纸板剪成的与幼儿身高相符的帽子、裙子、背心、披风、手包等样式，及幼儿自制的面具、扇子、各种帽子及与家长、教师用废旧物制作的表演服装。

提供辅助材料：各种颜色的彩纸、挂历纸、各色布块、线、绳、塑料花、树叶、各种胶带、剪刀、穿衣镜、小镜子、各种胶带、剪刀等。

与诗歌、故事内容相符的手偶、指偶、袋偶、盘偶、及制作偶类的材料等。

民族服饰：蒙古族、维吾尔族、朝鲜族、藏族、汉族等的服装、饰品、手绢、扇子、哈达、腰鼓、手鼓、竹竿、铃鼓等。

京剧脸谱、面具、纱巾、披风、塑料剑、饰品、彩绘笔、京剧音乐光盘与磁带。

与表演内容相关的音乐磁带、光盘。

照相机、录像机。

各种乐器。

① 幼儿在表演区可进行装扮活动，如：化妆、梳头、试穿各式服装等（图4-41）。化妆时允许幼儿大胆尝试，随意发挥，在操作中不断积累经验。

图4-41

② 对于幼儿在装扮中出现的困难，教师要及时给予启发和引导，鼓励幼儿自己想办法解决困难，不包办代替。化妆后幼儿会进行各种游戏和表演，教师要给予支持、参与和适当的指导。

③ 结合班级各种主题或生成主题活动开展表演活动。利用照相机、摄像机将幼儿的装扮、表演进行拍录，供幼儿观看、评价。

④ 按儿歌、歌曲、乐曲的内容创编表演动作。为不同风格、节奏的乐曲创编舞蹈动作。教师要尊重幼儿个体的差异，接纳他们的各种表现，追求参

与的乐趣。

5. 引导幼儿用敲、弹、刮、摇、抖等方法碰击各种乐器，了解它们各自的声音特点，知道不同乐器一样的敲击方法，同一乐器不同敲击方法的音响效果不同。鼓励幼儿大胆尝试敲击生活中能够发出声响的物品。

6. 引导幼儿用身体乐器舌响、口哨、拍手、拍肩、踏脚等声势为乐曲伴奏，扩展幼儿对乐器的认识。

7. 引导幼儿感知乐曲的结构特点。根据乐曲进行联想，用绘画方式表现音乐形象。

8. 欣赏乐曲时最好直接进入，每次活动乐曲播放不超过五次为宜。

9. 播放少数民族的音乐及舞蹈，让幼儿感受不同少数民族舞蹈的不同特点，并穿上少数民族服装学习表演各民族的韵律组合及舞蹈、学习使用与舞蹈配套的表演道具，感受祖国民族的多样性。

10. 播放京剧演唱光碟，让幼儿感受京剧唱腔和风格，指导并帮助幼儿学习在脸上进行彩绘。彩绘后，穿上服装、道具，跟随表演的录像进行模仿表演和演唱；也可提供音乐带组织幼儿学唱。了解我国民族文化的精粹。

11. 充分发动幼儿、家长搜集废旧材料，鼓励幼儿发挥想象，有创意地制作指偶、袋偶、盒偶、瓶偶等偶类玩具和制作头饰。在制作过程中如发现幼儿之间有争执或遇到困难，提醒幼儿通过协商、互相合作来解决。

12. 表演结束后，可以让幼儿之间自己讲评总结，找出好的方面与存在的不足，对下次活动提出自己的想法和建议，老师要认真记录，让孩子感受到教师对他（她）们的尊重和重视，提高幼儿的评价能力。

13. 经常邀请家长观看或参与孩子们的表演，增强幼儿表演的兴趣和欲望。

## 4. 配备参考

**大班表演区**

| 类别 | 玩具材料 | 数量 |
| --- | --- | --- |
| 道具 | 服装：动物服饰、民族服装、戏剧、主题服装 | 适量选择配备 |
| | 饰物：头饰、纱巾、彩带 | |
| | 舞美：小舞台或木偶台、背景、幕布、化妆台（化妆品）、穿衣镜 | |
| | 视听设备：录音机、磁带、CD 盘、音像盘、麦克风 | |
| 乐器 | 金属音色：撞钟、三角铁、中型铃鼓、铃鼓圈、手摇铃、手握式串铃、大镲（任选4种） | 每种1～2件 |
| | 木质音色：高低音棒子、木鱼、双响筒、打棒、砂槌、舞棒、蛙鸣筒、枫机响棒（任选4种） | |
| 辅助材料 | 各种颜色的彩纸、挂历纸、各色布块、线、绳各种胶带、剪刀各种胶带、剪刀 | 适量选择配备 |
| | 用废报纸、挂历纸、硬纸板制作的服装样式及与家长用废旧物制作的表演服装 | |
| | 诗歌、故事内容相符的手偶、指偶、袋偶、盘偶、及制作偶类的材料 | |

## 问题与思考

1. 请结合自己的教育实践，研发3～4个你所在班级的活动区材料，并设计出该材料的使用方法及游戏玩法。

2. 在活动区材料投放中，教师经常会遇到材料投放不切合实际等问题，请结合你的教育实践写一篇活动材料运用的教育反思。

第五部分

幼儿园专项工作室的设置与指导方案

专项工作室是幼儿非常喜欢的学习、游戏的地方。有条件的幼儿园可以在班级活动区域设置的基础之上，根据本园的办园特色及办园方向，充分利用幼儿园各种有效资源，设计、设置幼儿园各种幼儿专项工作室。如：美工创意工作室、科学工作室、图书阅读室、生活工作坊、音体活动室等。还可以设置带有一定主题性质的主题活动室。如：中国坊、动物园、家乡美等。下面介绍几种幼儿园专项工作室的设计、设置、相关资源、指导要点等案例，供大家参考。

# 一、美术创意室

美术是幼儿最喜爱的一种活动，对幼儿的全面发展起着重要的作用。如何通过美术这门独特的视觉艺术来表达幼儿的情感；如何与他人分享自己的果实；如何在分享的快乐中去认识和体验艺术创作带来的独特魅力呢？幼儿美术工作室在这一连串的思考中开始了探索与创造。

美术创意室是一个让孩子释放心灵、表达情感不可缺少的创作空间。在属于孩子自己的空间里，他们一起绘画、制作、摆弄泥巴，体验因表达美而得到的自信，体验与他人分享后的快乐，体验创造的幸福，感受创造的乐趣等。通过感受让孩子了解美术创作的多种形式，通过理解让孩子热爱美术这种独特的艺术活动，通过分享让孩子在活动中拥有更多的快乐。

## （一）美术创意室的创设价值

在实施课程的过程中，美术创意室可以实现班级内不易开展的美术活动内容。如特殊工具的绘画、大型的制作与创作、专业性较强的美术活动等。同时，可以为实施分组活动提供场所和活动内容。另外，专项活动室提供了能同时容纳许多幼儿同时活动的足够的空间，在这里，可以进行"大带小"的活动，年龄大的幼儿会有机会展示领导才能和照顾年幼儿童，增强成就感；较小幼儿会模仿年长幼儿向他们学习简单的美劳活动技能，减少学习过程的压力，增强学习美术活动的兴趣，增强自信心。对于自己有选择机会的幼儿而言，活动区可帮助幼儿确立自己的选择,因为每个区域都有一套独特的材料和活动的机会,在这里,更重视的是幼儿活动的过程及活动中的情感体验和态度倾向。教师更支持幼儿富有个性的创造与表达,克服了过分强调技能和标准化的倾向,使幼儿体验自由表达、自主创造的快乐。

## (二)营造美术活动的工作环境

在一个足够大的空间里,设置一些适宜幼儿身高的材料工作柜、画架和桌椅,有可移动的物体隔断,便于清洁的地面,悦人的墙壁颜色,有足够的空间用于悬挂、晾干、展示幼儿作品。太阳光折射在每一个角落里,让幼儿在活动过程中沐浴阳光,感受大自然带来的灵感与创意。根据空间大小可把活动室划分成绘画、手工制作、泥塑等区域,幼儿自由地选择自己喜欢感兴趣的活动内容,如图5-1所示。区域划分可分中有合,合中有分。如:用红、黄、蓝三原色的围裙来作为幼儿进入活动区的标志,即体现美术活动的特点,又无形中培养了幼儿的规则意识。

在绘画区,给幼儿提供各种与绘画有关的材料和工具,提供表达感觉与创作的机会,提供足够的时间与空间允许他们以自己的方式,不受干扰的工作,尽情地享受各种不同的绘画形式给他们带来的无穷乐趣。

在手工制作区,为幼儿提供各种手工制作的原材料、半成品,让他们根据自己的意图选择材料,直接用手操作简单的工具,对各种形态的物质材料进行加工、改造,制作出占有一定空间的、立体的、平面的、可视的、可触摸的手工作品,充分发展幼儿的想象力和创造力。

在泥塑区,提供陶土、橡皮泥及各种生活中常见的材料,以便幼儿在摆弄泥巴的过程中,用手直接接触各种活动材料,在活动中感受原始陶土、泥巴带给他们的快乐。

美术工作室的创设,打破了原有班级美术活动内容形式单一、材料提供统一、方式方法统一的整齐划一格局,为孩子营造了有序的学习、创造的空间,开放自由宽松愉悦的环境和丰富多样的创作材料。让幼儿在自由想象、主动探索、大胆表达、动手实践的过程中,真正享受无拘无束、轻松自由的学习给他们带来的愉悦。

(a)　(b)
(c)　(d)

图 5 - 1

## （三）体验多种美术创作形式

生活和艺术创作是密不可分的，生活是艺术的源泉，美术活动是艺术创造不可缺少的一部分。我们提倡利用身边的资源，进行大胆探究创造，将美术创作与生活结合起来，倡导幼儿从生活中选取活动内容和材料，引发幼儿学习美术的兴趣，在动手实践、绘画、制作、摆弄泥巴的过程中感受玩中作画、玩中学习的乐趣。下面介绍几种美工活动。

绘画是幼儿以一种自然的方式来进行的创造。幼儿绘画不是为了画画而画画，而是把他们所看到的、所知道的、所想到的东西表达出来。幼儿绘画是玩、是游戏，有兴趣好玩是他们画画的唯一动力。绘画不仅仅是幼儿生活的记录，也是幼儿和同伴、教师、父母交流的工具，每个幼儿正是在这不断的绘画过程中，发展他们的观察力、想象力、创造力和审美情趣。

（1）区域设置

☆1 靠近窗子的画架，让幼儿在绘画过程中沐浴阳光，感受大自然带来的灵感与创意，如图5-2(a)。

☆2 不怕脏，不怕水，适用于各种绘画形式的纸箱工作台，如图5-2(b)。

☆3 自制带凹槽的纸盒桌子，可以避免颜料和水的溢出，如图5-2(c)。

☆4 开放式材料工具架，分类摆放的纸架，便于幼儿活动时材料的取放，如图5-2(d)。

☆5 利用塑钢窗框、玻璃展示幼儿作品，如图5-2(e)。

（2）材料准备

☆1 纸张：图画纸、彩色卡纸、生熟宣纸、包装纸、牛皮纸、报纸等。

☆2 适用于不同绘画形式的颜料：水彩颜料、水粉颜料、广告色、国画颜料、墨汁、版画油墨等。

☆3 绘画工具：各种长度、粗细的画笔、毛笔、刷子及生活中常用的各种工具。

☆4 各种蔬菜水果横抛面印章及刻制图案印章。

☆5 各种废旧纸壳、纸板、纸箱、纸盒。

（3）活动内容

绘画活动区中，可以设计各种各样的绘画形式，可以使用各种各样的工具。彩笔画、蜡笔画、画架画都是普通的一种绘画方式。活动过程中画架可以放在靠近窗子的地方，幼儿在绘画活动的同时可以感受自然界带来的创意和灵

图 5-2

感。如果同时放几个画架那么就把它们放得靠近一些，这样会促进幼儿之间相互交流、相互作用，相互影响。

在画架上放置大小不同形状不同的画纸、粗细不同、长短不同的画笔及各种不同的颜料供幼儿选择。小班幼儿开始时只使用一种颜色的画笔会对他们有帮助，中班幼儿可以使用红、黄、蓝三原色，大班幼儿开始使用橙色、紫色、绿色等混合色，利用黑白基本色与其他颜色混合，教给幼儿颜色变淡的道理。

除画架画以外，有一种绘画形式我们叫它趣味画。趣味画是幼儿最喜爱的一种绘画形式，它选用有趣的作画工具，特殊的纸质和奇特的表现技法，启发幼儿求新、求奇、求异的一种寓教于乐游戏化的绘画方式。如：一盆清水，可以使一张普通的图画纸变成会渗水的纸。这样的方法，幼儿会感受水粉湿画带来的乐趣。取一张长方形的纸，对边反复折叠数次，借助折叠线，画出一幅幅折纸图案画。用彩色油画棒在宣纸上画线条画，借助油墨分离的原理，你会得到两张图案一样的画。其中一张是黑底白色线条画，另一张是黑底彩色线条画。在塑料袋上用丙烯颜料作画，在颜料未干时，取一张与塑料袋一样大的画纸，把画拓印下来。

用胡萝卜、土豆、洋葱等各种蔬菜当印章，拓印出各种各样有趣的图案，还可以制成自己喜欢的添画图案。

过生日的时候，用生日蛋糕上的纸壳，画上喜欢的图案，剪下来贴在纸上，利用叠加的方法做成版，涂上油墨拓印下来，会得到一张效果不错的版画。

（4）指导要点

⭐1 绘画区宜与水源接近，容易清洁，如果条件不允许，可在附近放置塑料桶盛水，解决清洁、稀释颜料问题。

⭐2 让孩子们参加活动的所有过程包括准备和整理工作，提醒幼儿工作时穿上围裙，保护好衣服。

⭐3 材料工具要有安全性，选择无毒材料。

⭐4 在水性颜料中，加入少量洗衣粉，便于幼儿工作服和地面、画架的清洁工作。

⭐5 炳烯颜料的使用，选择放置炳烯颜料时，容器的高度要比画笔矮，最好每个容器放一支笔，并把笔杆上画上容器中同样的颜色，使各个容器中颜色和画笔的颜色不混到一起。

使用其他颜料和墨汁时,绘画过程中需要借助笔枕的帮助,使颜料笔有一个暂时存放的地方,不弄脏桌子。

提醒幼儿水不要弄到地上,以免滑倒摔伤。

### 2. 手工制作活动

幼儿园的制作活动是幼儿非常喜欢的一项活动,是孩子们用灵巧的小手在与许许多多不同材料的接触中,使他们的想法和情感活跃起来的一种美术形式。如折纸、剪纸、粘贴、立体造型等,是培养幼儿动手动脑、启发幼儿创造性思维的重要手段。

(1) 区域设置

在玻璃窗、墙壁悬挂竹子窗帘,即可遮光,又可以展示幼儿作品。如图5-3(a)和(b)。

用废旧纸盒和竹筐做的便于幼儿取放的插纸箱,存放各种纸张。

各种各样的有序排列、分类摆放的旧物筐,存放各类物品。

分类摆放各种工具、材料的储物架。如图5-3(c)。

集中存放剪刀的剪刀屋、收放整齐的胶带轴等制作的存放工具、用品的地方。如图5-3(d)。

(2) 材料准备

各种彩色卡纸、牛皮纸、包装纸、报纸等。

大小、型号不同的纸杯、纸盘,各种形状的纸盒、纸箱等。

高矮、粗细不同的饮料瓶、小药瓶等。

各种扣子、算盘珠、塑料钉子帽、雪糕棒、瓶盖、笔帽等。

图 5-3

⑤ 各种不易腐烂、存放时间相对较长的蔬菜、水果等。

⑥ 工具类：剪刀、打孔器、订书器、双面胶、胶水、糨糊、白乳胶等。

（3）活动内容

纸类活动如撕纸、剪纸、贴纸、裱糊是孩子们喜欢的活动，它可以锻炼幼儿小肌肉的发展，增加幼儿触觉体验，发展手眼协调能力。如：幼儿撕纸，可以选用薄纸、报纸、牛皮纸、包装纸、厚纸等，按这样的顺序逐渐练习撕的力度，同时，创造出不同的作品。

废旧材料制作：利用废旧材料及生活用品进行制作是手工活动的一项重要内容。如：利用生活中常用的蔬菜、水果；不同形状的瓶子、杯子等日用品和废旧材料来完成作品。通过对废旧材料的巧妙利用，鼓励幼儿在生活中寻找一些可创造的东西，大胆尝试"变废为宝"的艺术活动。

主题制作：与课程内容相关的主题是专项活动室中完成的另一个任务。结合课程，教师有计划有目的地设计活动项目，特别是大型的、合作项目适合于在这里开展，让幼儿充分表现和表达。如：圣诞节到了，让幼儿合作制作大型奶酪房子，做圣诞礼物。取一大的纸盒箱，做成房子型，用泡沫板做成长方形的奶酪砖，涂上各种颜色，然后像贴瓷砖一样，把奶酪砖刷上胶，粘在大纸盒箱的房子上。最后点缀一下圣诞的氛围，做一些礼物盒放在房子里边。这样的活动幼儿很感兴趣。

（4）指导要点

① 回收废旧材料的时，要注意使用前的清洗和消毒工作。材料工具要有安全性，选择无毒材料。气球、大头针、小铁钉等危险性东西不宜使用，同时注意幼儿在活动中对剪刀和绳子的使用时，必须在成人的监控下进行。

② 此项活动对幼儿的创造力培养具有重要的意义。教师应提供丰富的材料资源，充分利用这样机会，尊重每个幼儿的意愿，让幼儿自由的想象和创造。

③ 收集材料是教师、家长、幼儿共同的任务。最好在幼儿园及班级准备一个大箱子，供大家提供、收集各种材料时使用。

④ 应提供展示、摆放幼儿作品的架、帘、框等。

## 3. 泥塑活动

泥塑活动是幼儿园常见的一种美术活动。在活动过程中，引导幼儿运用压、搓、捏、团等基本技法，进行传统的泥工创作活动。让幼儿用手直接接触泥巴，感受这种原始活动给他们带来的快乐；感受泥塑活动的多种形式，使幼儿在动手实践过程中，拓展思维空间，感知陶土，使之返璞归真，走进自然。同时发展幼儿控制能力、塑型能力、想象能力。

（1）区域设置

① 拉坯机、手轮设置在水源附近，便于制陶过程中用水及活动后的清

洁工作，如图5-4(a)。

 方便幼儿取放材料的开放式工具架，如图5-4(b)。

 桌面易于清洗的塑料泡桌垫或塑料桌布。

 展示幼儿作品的展架。

(a) (b)

图5-4

（2）材料准备

 传统制陶用的湿陶土。

 色彩鲜艳的橡皮泥。

 废旧材料制成的泥工盘、泥工板。如装修剩的地板头、墙面瓷砖、生活用的彩色塑料盘等废旧材料，可以代替泥工板的使用。

 各种形状的模具印章及废旧材料制作的印章。

⑤ 工具、刀具、剪刀、木板、竹针、牙签、擀面杖。

（3）活动内容

泥条盘筑：传统的泥条盘筑法是传统陶土制作过程中最基本的制陶方法，一小块泥巴运用手掌、手指左右伸展的搓力，把陶土搓制成粗细均匀的泥条，用泥条一圈圈垒高的方法，盘筑堆积成圆形容器。在此基础上，加上底和盖变成小锅、小碗；加上把变成杯子、篮子。这种活动孩子直接使用材料，不必学会控制工具的方法就可进行工作，可以帮助他们放松情绪，减少挫折感。手的操作可以发展小肌肉，给幼儿提供了体会空间的机会。

废旧物制作：除了传统的泥工创作外如何让泥塑活动焕发新意呢？可以选择生活中的废旧物作为泥工制作的辅助材料，拓展孩子的思路。如把生活中常见的各种各样的瓶子、碗、盘子制成漂亮的泥贴。可利用这些作品装饰环境，还可以进行瓶子玩偶的情境表演。

利用泥工活动中的搓、团、捏、压的技能与传统的陶土制作中的盘、擀、剪、切相结合，制作泥条画，并选用各种材料进行装饰。在泥工活动中，充分利用剪刀作为工具，会收到意想不到的效果。像刺猬的刺、兔子的耳朵、企鹅的翅膀、鳄鱼的嘴巴，都应归功于剪刀的作用。

（4）指导要点

⭐1 水源接近活动区，易于清洗工具，清洁环境。地面选用防水或易于清洁的地面砖或复合式地板。选择围裙防水易清洁。

⭐2 应让幼儿参加制陶活动的全过程。如揉陶土、切割陶土、准备工具、清洗工具等，让幼儿充分感受玩泥土的快乐。

⭐3 手轮的摆放应离幼儿身体较远，避免幼儿不小心碰到地上，发生危险。陶土制作过程中竹针、牙签的使用，应在教师的监控下进行。

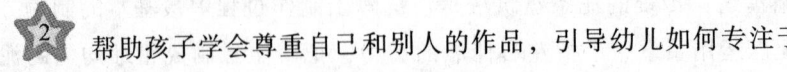

## （四）美术创意室活动要注意的问题

⭐1 应制定使用材料的规则，让幼儿承担材料工具的使用、保养、清洁的责任，提供限制进入活动区的人数的隐性规则。（可以选用红、黄、蓝三种颜色的围裙来限制进入各区的人数）要求孩子必须在活动中穿上围裙，完成工作后收放整齐放回原处。

⭐2 帮助孩子学会尊重自己和别人的作品，引导幼儿如何专注于自己的创作而不妨碍打扰别人工作。

**③** 工作室不要忘记在幼儿允许的前提下给幼儿留出展示作品的空间，同时可以帮助我们创设一个美的环境。展示作品可以充分利用教室中窗帘、窗框、板架、玻璃及一切幼儿所及的地方，同时可以开发空间、地面等视觉所及的地方。在孩子允许的情况下，在右下角用标签的形式写上幼儿的名字，及幼儿对作品理解的简单文字表述。有条件的幼儿园可把幼儿作品裱框起来，表示很看重孩子的作品。

**④** 教师在一天工作结束时，对所发生的重要事件进行详细记录并随时记录反思过程。教师应养成习惯，随身携带观察记录本，记录幼儿在一天活动中突发的偶然事件，随时记录观察到的事物及产生原因和主要看法。同时在活动过程中，收集幼儿有代表性作品。如富有创意的绘画、手工作品，能反映幼儿能力与技能的作品，儿童自己发起的样品、事件，设立资料库收集整理。

总之，要给幼儿一个足够的空间，宽松愉悦的创作环境，让幼儿在浓浓的艺术氛围中感受美术这种独特的视觉艺术，他们可以自由选择、自由探索、自由尝试、自由创作，用"一百种语言"来表达内心的感受，享受美术活动带来的无限乐趣和美好回忆。

## （五）美术创意室配备参考

**美术创意室设施配备**

| 类别 | 名称 | 规格型号功能 | 数量 | 备注 |
|---|---|---|---|---|
| 设施 | 画架 | 60（长）×35（宽）×110（高）(cm) | 10个 | 一个画架可以有两位幼儿同时作画 |
| | 写生画板 | 60（长）×35（宽）(cm) | 10个 | |
| | 作品展示板 | 适合展示幼儿作品 | 2块 | 作品展示板的形式可根据环境设计多种形式 |
| | 作品展示架 | 200（长）×70（宽）×150（高）(cm) | 1个以上 | 展示幼儿立体的创意作品 |

续表

| 类别 | 名称 | 规格型号功能 | 数量 | 备注 |
|---|---|---|---|---|
| 设施 | 书架 | 110(长)×35(宽)×110(高)(cm) | 1个 | 存放绘画、手工、美术欣赏等参考用书 |
| | 工具架 | 110(长)×35(宽)×90(高)(cm) | 2个 | 供摆放幼儿美工、绘画工具 |
| | 幼儿操作台 | 120(长)×60(宽)×55(高)(cm) | 3个 | 操作台可根据创意需求可用木制、藤编等多种自然材料 |
| | 材料柜 | 110(长)×35(宽)×90(高)(cm) | 20个 | |
| | 幼儿用椅 | | 若干 | |
| | 洗手池 | 高50~55cm；槽深：15cm，有6个水龙头 | 1个 | |
| 设备 | 音响设备 | 基本型 | 1套 | 能欣赏音乐 |
| | 照相机 | 基本型 | 1台 | 记录孩子活动过程及保留作品用 |
| | 实物投影仪 | 基本型 | 1台 | 作品欣赏用 |

**美术创意室材料配备**

| 区域 | 类别 | 玩具材料 | 规格型号功能 | 数量 | 备注 |
|---|---|---|---|---|---|
| 色彩绘画 | 各种笔 | 粗记号笔、细双头记号笔、彩水笔 | 适合幼儿操作使用 | 每种笔不少于20支 | 根据不同笔选择相应大小，适合孩子取放的盛装物 |
| | | 彩色铅笔、油画棒、铅棒(铅笔)、各种粗细的 | | | |
| | | 毛笔和板刷等 | | | |
| | 颜料 | 水粉、水彩、彩笔水、丙烯、彩墨、墨汁等 | | 若干 | 颜料要盖好盖子防止风干。颜料要配以取料的小勺 |

续表

| 区域 | 类别 | 玩具材料 | 规格型号功能 | 数量 | 备注 |
|---|---|---|---|---|---|
| 色彩绘画 | 辅助工具 | 双面胶、透明胶 | 宽窄两种型号 | 各种工具 | 辅助材料应按类别有序摆放 |
| | | 胶棒、尺子、橡皮、小桶 | | 不少于15 | |
| | | 调色盘、幼儿剪刀等 | | | |
| | 各种纸 | 图画纸、画轴纸、各色彩纸 | A3、A4图画纸 | 若干 | 纸张应按类摆放 |
| | | 纸、宣纸、水粉纸、餐巾纸、毛边纸 | 多种规格的纸张 | | |
| | | 牛皮纸、纸板、砂纸、画布、硫酸纸、刮画纸等 | | | |
| | 其他材料 | 各种纸箱、纸筒、纸杯、纸盘、饮料瓶等 | | 若干 | 注意废旧材料的清洗、消毒并按类别存放 |
| | | 瓶、塑料滴管、大小不同的塑料盒、一次性小勺等 | | | |
| | 写生材料 | 各种由明显几何形体组成的实物或模型（小汽车、花瓶与花、球体、各种瓶子、盘子） | | 若干 | 写生区的设置要给幼儿留出从不同角度观察实物的空间 |
| | | 各色背景布、背景台等 | | | |
| | 色彩感受 | 装裱好的各绘画流派的代表作、染纸材料 | | 若干 | 色彩感受区要离水源近 |
| | | 滚珠画材料、排水画材料 | | | |
| | | 各种颜色游戏材料等 | | | |
| | 装饰与美化 | 各种装饰图样及实物、各种涂色练习范例及材料 | | 若干 | |
| | | 版画材料、刮画材料、塑料薄膜画材料 | 适合幼儿进行版画、刮画等特殊作画方式使用 | | |
| | | 拼贴画材料、拓印画材料等 | | | |

续表

| 区域 | 类别 | 玩具材料 | 规格型号功能 | 数量 | 备注 |
|---|---|---|---|---|---|
| 立体造型 | 陶泥制作* | 陶泥、拉坯机、手轮机、泥工板 | | 若干 | |
| | | 毛刷、辅助小工具 | 适合幼儿操作使用 | | |
| | 橡皮泥制作 | 泥工板、模具、瓷盘、纸盘 | | | |
| | 彩陶制作 | 小烤箱 | | 1个 | |
| 手工 | 工具 | 双面胶、透明胶、胶棒 | 宽窄两种型号 | 若干 | |
| | | 尺子、幼儿剪刀、铅笔、橡皮、曲别针、订书器、打孔器 | | 若干 | |
| | 拼贴操作 | 辅助材料:各种珠子、扣子、贝壳 | | 若干 | |
| | | 木片、棉花、羽毛、小松果、干玫瑰花以及从彩色铅笔上削下的螺旋形刨花、各种布条等 | | 若干 | |
| | 编织操作 | 稻草、玉米叶、各种线、绳子、纸条等 | | 若干 | |
| | 小制作 | 生活中的各种包装盒、各种瓶子及各种自然材料、白胶、热熔胶 | | 若干 | |
| | | 丙烯颜料、板刷、小桶等 | | | |

续表

| 区域 | 类别 | 玩具材料 | 规格型号功能 | 数量 | 备注 |
|---|---|---|---|---|---|
| 其他 | 资料 | 与绘画、制作相关的图书、画册等 | | 若干 | |
| | 用品 | 带盖的整理箱 | | 2个 | 用来装切好的泥块（可以洒上水，保持潮湿） |
| | | 大的草编筐 | | 若干 | 存放制作材料用。也可以用其他筐替代 |
| | | 围裙架 | | 1个 | |
| | | 围裙或护衣 | | 30件 | |
| | | 小套袖 | | 30套 | |
| | | 小撮子、扫帚 | | 1套 | |
| | | 垃圾桶 | | 1个 | |
| | | 小筐、小盘 | | 若干 | |

## 二、生活实践室

生活实践室是幼儿园根据幼儿的实际生活、兴趣出发，结合幼儿生活、游戏、学习活动而设立的。

幼儿的生活是幼儿园课程的重要资源，在各个领域的活动中，幼儿所探索的问题往往来源于真实的生活。即幼儿园的课程需要生活化，课程应追随幼儿的经验与生活。幼儿的学习与他们的真实生活和游戏紧密地联系在一起。应该说：生活是幼儿游戏、学习的来源，也是基础。幼儿的游戏、学习离不开生活实际；幼儿是在游戏和生活中学习的。所以，生活实践室的设立可以满足幼儿学习、游戏的需求，符合学前教育的特点，同时，幼儿在这里可以学习简单的生活技能，培养爱劳动的品质，树立主人翁的责任感，如图5-5。

图 5-5

（一）生活实践室的设置

根据生活实践室的活动特点，首先注重营造生活氛围，在每面墙上做了不同的设计和布置：主墙——色彩鲜艳的英文字母"快乐时光"，祝愿每个小朋友在生活实践室渡过愉快的时光；南墙是根据活动内容制作的富有立体感的操作步骤图示，如：汉堡的制作方法、煮面条的步骤等；东墙设计了幼儿在生活坊实践活动的精彩照片；北墙设计了展示墙，将孩子的操作记录、学习过程展示出来。

活动室提供基本的设施与设备，整个空间设有水池、操作台、储存柜、餐饮用的桌椅等。提供简单的电器和用具，如微波炉、电饭锅、电磁炉等。厨房用具，如锅碗瓢盆、餐具及卫生设备等。根据生活实践活动的程序，可以将生活实践室分成六大功能区：准备区、清洗区、工具区、宝贝厨房、休闲区、记录交流区。

在准备区，为幼儿提供工作服，参与生活劳作活动的教师和幼儿在活动前首先要在准备区穿上工作服，已保证在接下来的活动中的清洁与卫生。

在清洗区，除了设置水池、香皂、毛巾，还要提供洗洁净、洗衣粉、抹布等。教师引导幼儿根据活动需要决定在清洗区里的活动任务。

在工具区，提供装放各类工具的储物柜和供幼儿自选工具的展示台，工具的提供以活动需要为主，比较常用的有榨汁机——手动、电动，各种容器、盛装的器皿、碗、盘、勺、叉、菜板、刀具、擀面杖等。

在宝贝厨房，呈现的是微缩版的幼儿厨房，这里提供的一切生活内容、材料都是幼儿在家庭生活中看得到的，有整体橱柜，各种家用电器，如：电冰箱、微波炉、电饭煲、电磁炉、电烤箱、各类锅具、炒勺，还有各种调味品，如麻油、盐、酱油、醋、糖等。

在记录交流区，提供桌子、椅子、记录笔、记录单和记录板，活动结束后，教师和幼儿来到这里总结交流本次活动的操作步骤、使用工具的方法、注意事项或观察到的现象。

在休闲区，提供桌子、椅子、靠垫，根据活动需要教师和幼儿可以来到这里互相品尝自制美食，也可以说说话、聊聊天、休息。

清洗区、工具区、宝贝厨房、休闲区、记录交流区里提供的工具、物品、材料不是一成不变的，可以根据幼儿年龄特点、兴趣需要、气候季节变化、主题活动内容等具体情况，灵活配置。由于活动材料都是真实的，为此活动中一定要注意安全。在一些相应的区域设计一些安全警示标记，提醒幼儿注意安全。活动要在教师的监督下进行。

## （二）生活实践室活动的内容与形式

在这个活动室中，可以根据幼儿实际生活及幼儿的接受能力来选择活动内容。可以从以下几个方面来考虑：

（1）幼儿园的实际生活需要

在幼儿园的一日生活每天的餐点准备中，幼儿可以参与力所能及的一些劳动。如择菜、削皮、剥皮等。让幼儿真正感受到我是幼儿园的主人。

（2）主题活动的需要

开展传统节日主题教育活动，可以通过引导幼儿制作品尝色香味俱全的美食，如：年糕、饺子、汤圆、粽子、月饼等，来体验感受节日的内涵和魅力，加深幼儿对节日风俗习惯的理解。结合主题课程组织社会性实践活动，如参观超市、蛋糕店、麦当劳店等，在生活劳作坊中为幼儿提供亲自动手实践展示的机会，把看到的通过操作来完成，不仅使幼儿的社会知识得到积累和丰富，而且更能满足幼儿的活动需要。

（3）幼儿的兴趣和需要

根据幼儿的兴趣和不同的年龄特点，选择丰富多彩的活动。搞一个小吃节，制作各种小吃，请幼儿园的小朋友品尝；三八节为妈妈做美食，请妈妈来幼儿园过节；举办小小冷餐会，制作各种冷餐等。

(4) 课程内容的需要

在幼儿园的教育活动中，设计了许多与生活有关的计划内容，如：学习做粥、自制饮料、做沙拉等。这些活动都适合在生活实践室进行。幼儿们来到生活实践室，身临现场进行劳动，会产生一种积极的热情，既得到了快乐的体验，又学习到了有关知识技能。

## （三）生活实践室活动要注意的问题

1. 在生活实践室开展活动，一定要有计划有目的地进行。而且生活实践室是全园各年龄班共同拥有的活动场所，所以在活动时间、秩序上要统筹安排、科学管理，可根据各班的需要来考虑活动的安排表。应有效利用生活实践室这个场所，充分发挥它的作用和功能，把它当成课程的一个部分，共同完成幼儿园的教育任务。

2. 生活实践室活动大多与美食制作和工具材料的使用有关，所以前期预备工作是保证最终活动效果和质量的重要前提。活动前不具备一定经验的老师要根据活动内容的难易程度来判断选择准备方式：请教，并亲自尝试做一做；争取外力的支持。

3. 生活实践室是亲子活动的一个重要场所。把家长请到幼儿园，让家长和孩子之间相互配合与交流。在整个活动过程能够给孩子和家长双方都带来乐趣，让孩子在活动中体会到创造和成功的快乐，让家长体会到亲子交流的幸福。活动前要与家长进行沟通，可用出示宣传海报等形式，让家长和幼儿做好充分的准备，如：幼儿和家长共同准备材料，积极参与到活动中来。

4. 生活实践室是进行美食分享活动的有利途径。可以包括同伴之间的分享、与小班的弟弟妹妹们的分享、与成人间的分享等。让幼儿充分体验给予及被给予带来的快乐和满足，以及人与人之间的温暖和爱。

⭐ 活动的设计与选择是进行生活实践活动的重要环节。要充分考虑幼儿的年龄特点和活动设计的难易程度以及安全程度，一定是幼儿力所能及的，不要成人化、形式化，要利用生活实践室活动这个机会，让幼儿参与到真实的生活之中，感受生活、劳动带来的快乐。

## （四）生活实践室配备参考

**生活实践室设施配备**

| 类 型 | 名 称 | 规格要求 | 数 量 | 备 注 |
|---|---|---|---|---|
|  | 清洗池 | 350×50×55(cm) | 1个 | 需有正确清洗顺序标识图 |
|  | 工作台 | 120×50×80(cm) | 8个 | 高度易可调节，无棱角 |
|  | 材料柜 | 150×50×120(cm) | 2个 | 内部格局可根据实际情况设计。柜中隔板位置可灵活调节，宜做承重处理，需有分类标识图 |
|  | 材料筐 | 不同大小 | 若干 | 根据盛装物品的特征，提供不同材质的材料筐 |
|  | 衣帽架 | 120×85(cm) | 2 | 需有正确着装顺序标识图 |
| 厨艺 | 小家电 | 电磁炉 | 4个 | 正规厂家生产、经过国家质量检验检疫局质检过的产品 |
|  |  | 微波炉 | 2个 | 产品外形、颜色尽量符合幼儿的审美习惯，材质坚固、耐磨、易清洗。需有安全操作标识图 |
|  |  | 烤箱 | 2个 |  |
|  |  | 面包机 | 2个 |  |
|  |  | 电饭锅 | 1个 |  |
|  |  | 电冰箱 | 1个 | 单开门、高度适宜幼儿使用 |
|  | 橱柜 | 240×50×60(cm) | 2个 | 板材环保性能要达标，抗渗透、容易清洁、防潮、不褪色、触感细腻。需有分类标识图 |

续表

| 类型 | 名称 | 规格要求 | 数量 | 备注 |
|---|---|---|---|---|
| 木工 | 工具箱(架) | 45×30×70(cm) | 2个 | 根据需要配备或自制,无棱角 |
| | 手套 | 儿童手套 | 若干 | 线手套 |
| | 幼儿桌 | 120×60×50(cm) | 6张 | 根据需要配备或自制,无棱角 |
| | 幼儿椅 | 座面高25cm | 30把 | 根据需要配备或自制,无棱角 |
| | 展示架 | 150×40×100(cm) | 2个 | 根据需要配备或自制,无棱角 |
| 洗衣房 | 盆 | 面径35cm | 30个 | 正规厂家出品 |
| | 洗衣液 | 按压式 | 15瓶 | 正规厂家出品,液体环保、无化学成分 |
| | 晾晒架 | 高120 cm、100 cm 宽120 cm | 4个 | 落地架:可以折叠;顶层4根晾杆,二层2根晾杆。无锐利棱角外露 |
| 环境氛围创设 | 各种场所的标志和文字 | | 若干 | 材质环保,无毒无味 |
| | | | | 需有阅读规则提示和标识图 |

生活实践室材料配备

| 区域 | 类别 | 玩具材料 | 规格 型号 功能 | 数量 | 备注 |
|---|---|---|---|---|---|
| 厨艺 | 炊具 | 炒锅 | 正规厂家生产、经过国家质量检验检疫局质检过的产品,质轻坚固、耐磨、易清洗 | 2个 | 需有安全使用标识图 |
| | | 蒸锅 | | 2个 | |
| | | 汤锅 | | 2个 | |
| | | 煎锅 | | 2个 | |
| | | 刀具、勺、铲等 | 安全,适合幼儿使用 | 2套 | 根据实际需要配备,注意定期消毒 |

续表

| 区域 | 类别 | 玩具材料 | 规格 型号 功能 | 数量 | 备注 |
|---|---|---|---|---|---|
| 厨艺 | 餐具 | 碗、筷子、勺等 | 安全，适合幼儿使用 | 若干 | 根据实际需要配备，注意定期消毒 |
| | 调味品 | 色拉油 | 小瓶装、正规厂家出品 | 若干 | 使用前注意关注产品保质期，超过保质期要及时更换 |
| | | 酱油 | | | |
| | | 醋 | | | |
| | | 盐 | | | |
| | | 色拉酱 | 独立小型软包装 | | |
| | | 果酱 | | | |
| | 清洁用品 | 围裙 | 儿童 | 30个 | 做工精细，环保无毒，易清洗；款式新颖，颜色鲜亮 |
| | | | 成人 | 6个 | |
| | | 垃圾桶 | 30×20(cm) | 6个 | 脚踏式、易清洗 |
| | | 抹布 | 20×20(cm) | 10个 | 无纺布，注意定期消毒 |
| 木工 | 工具 | 小胶皮锤 | 把手粗细适宜幼儿把握、无棱角 | 10把 | 根据需要配备或自制 |
| | | 小锯齿锯 | 锯、刨、刀、尺不过于锋利，安全性有保障 | 8把 | 需有安全使用标识图 |
| | | 小刨子 | | 8把 | |
| | | 小螺丝刀 | | 8个 | |
| | | 小起子 | | 5个 | |
| | | 钢尺、记号笔 | | 10支 | |
| | 材料 | 乳胶、刷子 | 无毒环保，安全可靠，粘贴性能强 | 10把 | |
| | | 不同长短的钉子、螺丝钉和帽 | 钉子头不要过于尖锐 | 若干 | |
| | | 木头、板子 | 长短、厚薄、大小要有所不同 | | |
| | | 绳子、毛线 | 长短不同 | | |

185

续表

| 区域 | 类别 | 玩具材料 | 规格 型号 功能 | 数量 | 备注 |
|---|---|---|---|---|---|
| 洗衣 | 洗衣工具 | 夹子 | 质地坚固耐用、不易褪色，外表无裸露的锐利棱角 | 若干 | 各种卡通造型 |
| | | 盆 | 面径35cm，正规厂家出品 | 30个 | |
| | 洗涤用品 | 香皂 | 适合幼儿使用，正规厂家出品，安全环保 | 若干 | 根据实际需求配备 |
| | | 洗衣液 | 按压式，正规厂家出品，液体环保、无化学成分 | 若干 | 根据实际需求配备 |
| | | 洗衣粉 | 适合幼儿使用，正规厂家出品，安全环保 | 若干 | 根据实际需求配备 |

# 三、科学探究室

## （一）科学探究室的创设价值

幼儿的发展是以环境相互作用为前提的，科学探究室使幼儿在科学环境的熏陶中，不断激发他们学习兴趣从而使他们产生对科学的爱好。要完成幼儿科学教育任务，就要为幼儿提供与之生活密切相关，又能诱发幼儿主动活动、促进幼儿发展的科学环境，这也是落实《幼儿园教育指导纲要(试行)》中科学教育目标的需要。

## （二）创设科学探究室要注意的问题

科学探究室是幼儿科学探究活动的场所，在创设时，需要考虑以下几个问题：

(1) 营造浓郁的科学探究氛围。当幼儿置身于这种环境时，科学种类要多样、玩具材料要丰富(图5-6)，要创设使幼儿渴望了解、发现许多感兴趣的事情的环境，吸引幼儿动手的愿望(图5-7)。

图5-6

图5-7

(2) 区域内容、材料的投放要有持久性，并与幼儿互动起来，要具有探究、动手、吸收、挑战和克服困难等特点，与班级科学区有所区别。材料以收集利用废旧物为最佳，有些具有一定科学性的区域和材料要购置，保证它的科学性和规范性。

(3) 提供区域材料，要适合不同于幼儿年龄特征的身心发展水平。这些材料是幼儿不陌生的，是生活中常见的，而且要有科学性、安全性。

(4) 幼儿在活动和材料交互活动中，教师始终保持观察者、支持者的身份，与幼儿一道参与活动。

## （三）科学探究室的设置与材料提供

依据《幼儿园教育指导纲要(试行)》中科学教育的总目标来设置不同内容的活动区域并提供相应的材料。根据科学探究室的环境大小、材料内容以及幼儿的年龄特点，结合活动目标进行区域划分，做到合理布局。可分为生活实践区、实验探究区、观察区等。

☆ 生活实践区：主要提供幼儿日常生活中经常使用的微波炉、煮蛋器、煎锅、蒸锅、电冰箱、加湿器、卷发器、熨斗、榨汁机等，如图5-8。

★2 实验探究区：探索不同声音、神奇的光、电、风、影子等。

★3 观察区：包括植物、动物的观察，化学反应现象变化，如：颜色变化，糖、盐放入水中的变化，鸡蛋泡醋中的变化，水的三态变化以及天文现象、地球、月亮、太阳怎样变化、大自然中季节变化等，如图5-9。

图5-8　　　　　　　　　　　图5-9

## （四）科学探究室的组织与管理

有条件的幼儿园所的科学探究室最好有专人负责管理，主要负责活动内容设计和材料提供，并根据不同年龄段有目的、有计划地投入。在组织上，要与其他领域有机渗透、交替进行，并合理安排活动次数，可以每周组织两次活动。同时要根据幼儿的年龄特点制订具体明确的活动计划，并有序地组织幼儿开展集体、小组活动，活动后要及时做好材料、物品、活动场地的清理工作，并及时组织小结与评讲。

## （五）科学探究室活动的要求与指导要点

### 1. 活动要求

★1 在每个小的活动区域中提供视觉的和口头限定人数的标志。

② 制定使用工具材料的规则，帮助幼儿掌握安全、规范使用各种材料工具的方法。

③ 帮助幼儿养成爱惜物品的活动习惯，要轻拿轻放，用完物品要放回原处等。

④ 要求幼儿在科学探究室不大声说话，不影响别人活动。

**2. 指导要点**

① 科学探究室要有一些教师和幼儿共同制定的、既具体明确又易于达成的使用工具和物品的规则。

② 要提供足够的时间、空间和材料，允许幼儿以自己的方式、不受干扰地工作。

③ 提供适合幼儿阅读的关于科学、科学家故事等方面的图书。

④ 要掌握材料的投放规律，根据幼儿的年龄、发展程度、参与活动的人数、活动的兴趣程度决定材料投放的种类、数量和顺序。对科学性较强但趣味性不是很强的材料，教师应在活动前做简单的介绍或是做趣味性的演示。

⑤ 幼儿在不断摆弄材料中，会发现一些现象，也会产生许多问题，对于这些现象和问题，教师不能只简单地给予解答，而是通过不断增添辅助材料让幼儿自己探索，设法寻找最终的答案。

⑥ 教师要通过各种方法维系幼儿探索的兴趣。

⑦ 在活动中，针对幼儿遇到的问题要启发大家想办法解答，或引导幼儿通过继续的操作或实验来寻找答案，也可以让幼儿回家请教大人。

⑧ 充分利用家长资源开展科学探究室的活动，例如：请家长帮助收集

各种资料，请有研究专长或兴趣的家长进入科学探究室，和孩子一起活动等。

## （六）科学探究室活动的评价

教师在组织科学探究室活动时，应从两个方面进行评价：

**1** 教师观察评价幼儿在活动中探究的主动性、兴趣性及活动完成情况。

**2** 注意观察评价幼儿在与材料相互作用、与同伴相互合作、交流等方面的表现。

## （七）科学探究室配备参考

**科学探究室设施配备**

| 类别 | 名称 | 规格、型号、功能 | 数量 | 备注 |
|---|---|---|---|---|
| 操作台 | 幼儿独立操作台 | 高46 cm 长：85 cm 宽：45 cm | 10张 | 最好可移动、可组合 |
| | 小组操作台 | 高46 cm，桌下净高≥39 cm，每桌可容纳4~6人 | 3张 | 以长方形为宜 |
| | 集体操作台 | 高46 cm，台面大小根据室内面积和操作需要而定 | 1张 | 以圆形为宜（直径:150 cm） |
| 材料柜 | 材料柜 | 长度根据房间格局而定，高度不超过60cm | 10个 | |
| | 材料储藏箱(柜) | 箱子要有盖；柜子要有门 | 6个 | 放置到不影响孩子活动的地方，用于存放材料 |
| | 展示架 | 高度要方便幼儿观看 | 6个 | 不同区域的展示架根据实际需要可不同 |

续表

| 类 别 | 名 称 | 规格、型号、功能 | 数 量 | 备 注 |
|---|---|---|---|---|
| 坐椅 | 幼儿用椅 | 符合幼儿坐高 | 20把 | |
| | 工作毯 | 可容纳2名幼儿同时工作 | 10个 | |
| | 工作毯架 | 可存放10张地毯 | 1个 | |
| 电器 | 电脑 | 基本配置 | 1台 | |
| | 电脑桌 | 与电脑相配 | 1张 | |
| | 投影 | | 1个 | |
| 用品 | 方盘 | 不同规格，长宽与材料柜相匹配 | 若干 | 盛装材料用 |
| | 时钟 | | 1个 | |
| 环境氛围创设 | 区域标识 | | 与区域数量相等 | 用来区分不同区域，体验各区域特点 |

## 科学探究室材料配备

| 类 别 | 名 称 | 规格、型号、功能 | 数 量 | 备 注 |
|---|---|---|---|---|
| 机械操作类 | 平衡材料：杠杆、平衡架、天平和砝码等 | 适宜幼儿操作 | 2套 | 每种材料够4名以上幼儿同时操作 |
| | 齿轮材料：滑轮及轮子、齿轮组合玩具等 | 适宜幼儿操作 | 2套 | |
| | 斜面和滚动材料：表面不同粗糙度的木板或塑料板、斜坡、轨道以及球、小汽车等 | 适宜幼儿操作 | 2套 | |
| | 可拆装的小型器械（小平衡车等） | | 若干 | |
| 物理现象类 | 力学材料：重力、水的张力和浮力等材料 | | 2套 | |
| | 磁性材料：各种磁铁、磁性玩具、铁制品及非铁制品等 | | 2套 | |

续表

| 类别 | 名称 | 规格、型号、功能 | 数量 | 备注 |
|---|---|---|---|---|
| 物理现象类 | 摩擦材料：玻璃棒、塑料梳、皮毛丝绸等 | | 2套 | |
| | 声控和传声材料：声控玩具和声振、传声材料等 | | 2套 | |
| | 电子操作材料：电子积木、电池、灯泡、电线、电路、电子玩具等 | | 2套 | |
| | 热力操作材料：酒精灯、蜡烛、小块铁板或小勺等 | | 1套 | 热实验一定在教师监控下进行，幼儿不可随意使用 |
| | 光学材料：平面镜、凹凸透镜、放大镜、望远镜、三棱镜、多棱镜、潜望镜、暗箱、显微镜等 | | 2套 | 各种镜子分类摆放 |
| 化学现象类 | 溶解、沉淀材料：量杯、烧杯、试管架及沙子、糖、盐等 | | 1套以上 | |
| 生命科学类 | 植物实物及标本：树、花等各种植物标本以及根、茎、叶、花、果等实物 | | 若干 | |
| | 种子发芽、无土栽培等实验材料 | | 2套 | |
| | 动物标本：昆虫、鸟等 | | 若干 | |
| | 蚯蚓观察箱、蛹的孵化、蚂蚁工坊等动物生长情况与环境观察箱 | | 各1个 | |
| | 人体模型 | | 1个 | |
| 天体认知类 | 地球仪、三球仪等 | | 各1个 | |
| 自然物 | 石、土、黏土、沙、空气等实验材料 | | 若干 | |

续表

| 类别 | 名　称 | 规格、型号、功能 | 数　量 | 备　注 |
|---|---|---|---|---|
| 现代科技类 | 可拆装的小电器和钟表、机器人等 | | 若干 | |
| 图书、资料 | 科学书籍、挂图、科学家照片及相关图片资料、光盘等 | | 若干 | |
| 其他 | 布、纸和纸板、木块、木板、橡皮泥等材料 | | 若干 | |
| | 各种尺子、剪刀、胶带等用具 | | 若干 | |

## 四、社会体验室

社会体验室是为开展情境化、游戏化的社会性教育而设置的。其中的内容是多种多样的，根据幼儿接触的社会环境、已有的生活经验而进行的活动。在这里，孩子们可以像大人一样，在安全互动的环境中尝试各项工作，体验真实的社会活动，通过多种角色的扮演来了解周围世界。

### （一）社会体验室的创设价值

幼儿喜欢模仿、扮演生活中常接触的各种角色，体验不同社会人员的生活、劳动及其感受，表达不同的情绪和情感。中大班幼儿的生活经验和想象力更加的丰富了，交往技能也不断提高。中班幼儿已经开始能有意义地和同伴交谈并能在一起玩，相互配合和分享，所扮演的角色范围也从"家庭"扩大到周围的"社区"再扩大到更加广阔的空间，可以扮演角色的多种特征，玩出简单的较为连续的情节。由此可见，班级活动室所创设的一两个社会扮演的角色区域已经不能够满足幼儿"合作游戏"的需要了，因此，社会体验室的创设能够把幼儿所需要的社会扮演的区域集中在一起，如图5-10，进行各方面内容的"联合游戏"。如在娃娃家中体验爸爸和妈妈照顾宝宝、也可以带着宝宝去逛超市买生活用品、去银行、医院、理发店、餐厅等。一切都是幼儿在生活中经常接触到的、熟悉的事物，只不过在这里的主角是幼儿，不再是成人。这里的建筑、设施、设备完全是符合幼儿活动场所的适用性与安全性的需要，注重幼儿情感，如图5-11所示。

图5-10　　　　　　　　　　　　图5-11

## （二）社会体验室的基本设施

1. 各种购买的或自制的社会场所的建筑模型和设施、设备，如：娃娃家的小屋子，内有小床、沙发、桌椅、柜子等家具，各种衣物、餐具、饮具、娃娃等；医院中的挂号处、门诊、药局等，内有桌椅、药架（箱）、诊疗器等；超市的货架、柜台、收款处，内有各种货物模型或日用品的包装盒等；餐厅的厨房设备及炊具、用餐的桌椅和餐具、食物模型等。

2. 各种场所的标志和文字，如我国医院的通用标志、理发店的灯饰、银行的标志，"××餐厅"等。

3. 各种职业人员的服饰、道具等，如医生、理发师、超市店员、餐厅厨师、服务员、银行职员等。

### （三）创设多样性的社会体验空间

（1）娃娃家

设置在一个较为安静的角落，布置成家的环境并有温馨、舒适的氛围，用暖色调的窗纱或布帘将之与外界分隔，形成若隐若现的情景；根据空间大小设置小床、桌椅、沙发、柜子等家具也可把家分为厨房、卧室、客厅、餐厅等小的区域，配置不同的设施，凡是矮柜、地毯、立架、花架甚至纸箱、帘子等都可以作为分隔的器材，可灵活运用。

（2）超市

设置在空间较为开放的场所，提供柜台、货架、收款台或入口、出口等设施并有明显标志，按照买卖的流程设计和安排，避免重装和拥挤；货架上要有物品的标志或文字，各种物品要分类摆放，要有价格标签；制作并悬挂或粘贴"××超市"的招牌，如图5-12。

图5-12

（3）银行

设置在空间较为开放的场所，用矮柜子作为柜台隔成内外两个区域，柜子上要设置窗口，标有"××银行"的标志；里面为银行工作人员的工作室，设置办公用的桌椅、验钞器、装钱币用的盒子或小保险柜等，外面为顾客的等候区，地面要画有黄色等候线。

（4）医院

设置在空间较为开放的场所，根据空间的大小用屏风或矮柜将医院隔成不同的小区域,如挂号处、候诊室、不同诊疗室(如内科、外科、牙科等)、注射室、药局等。挂号处要设置窗口,诊疗室里要有桌椅、诊疗床等,药局要有药柜(架)或药箱;各个区域都要有明显的符号或文字标志,按看病的流程来合理安排,仿编"患者就医"。墙面可贴一些人体解剖挂图或模型,制作并悬挂我国医院的通用标志和"××医院"的招牌,强化"医院"的气氛。

(5) 理发店

设置在某个角落,用屏风或柜子隔成不必太大的空间,配备镜子、转椅或普通的椅子,放置理发用具和用品的架子或柜子,并粘贴有关美发的图片,如图 5-13。

(6) 餐厅

设置在空间较为开放的场所,根据空间的大小用屏风或矮柜将餐厅分隔成厨房、用餐区、收款台等部分,用餐区要有餐台、餐椅,标上桌号;和厨房的连接处需设置陈列主副食品的架子或柜子,标上食品名称和价格;制作并悬挂"××餐厅"的招牌,如图 5-14。

图 5-13　　　　　　　　　　　图 5-14

## (四)社会体验室活动的要求与指导要点

### 1. 活动要求

带领幼儿参观周围社区或更广范围中的社会场所或观看有关录像、图书,进一步引导幼儿观察、感受各种社会角色人员的言行举止,让幼儿在有一定的生活经验和情感体验基础上进行角色游戏。

⭐2 鼓励幼儿根据游戏情节的需要，用废旧物品或其他材料不断地丰富游戏材料，如在班级美工区中制作游戏中所需物品。

⭐3 引导幼儿分类、有序摆放区域中的各种材料，在相应的位置配上明确的标志，帮助幼儿养成爱惜物品的活动习惯，便于幼儿使用完后按图片位置放回去。

⭐4 制定一些区域的规则，除一些基本规则外，还应针对游戏中偶发的问题临时制定一些规则。

### 2. 指导要点

⭐1 社会体验室要有一些教师和幼儿共同制定的、既具体明确又易于达成的使用物品的规则。

⭐2 要善于利用家长和社区的资源，请他们帮忙搜集各种游戏材料，请不同职业的家长来园给幼儿介绍他们的工作，或带幼儿进行实地参观和访问等。

⭐3 当幼儿出现抢夺、争吵等现象时，教师要仔细观察，随时发现问题、排解纷争、加以辅导。

⭐4 教师尽可能地做好幕后工作，不妨碍幼儿的自主活动，但当幼儿只重复某情节而难以深入进行时，也可适当提些建议或以角色的身份加入游戏，或增添一些新的材料，引发幼儿进一步玩的兴趣，但不要反客为主、包办代替，更不能让幼儿背"台词"。

⭐5 可提供不同年龄幼儿一起玩的机会和条件，体验"大带小"游戏的乐趣，观察、指导较大幼儿学习照顾、帮助小弟弟、小妹妹，培养幼儿的自信心和责任感。

## （五）社会体验室配备参考

**社会体验室设施配备**

| 类别 | 名称 | 规格型号功能 | 数量 | 备注 |
|---|---|---|---|---|
| 设施 | 材料柜 | 110×35×90（cm） | 20个 | |
| 设施 | 货架 | 150×40×100（cm） | 若干 | 根据需要配备或自制，架子中的隔板位置应可调节，宜做承重处理。需有分类标识图 |
| 设施 | 床 | 120×55×25（cm） | 1 | 根据需要配备或自制，无棱角 |
| 设施 | 小餐桌 | 60×50（cm） | 1 | 根据需要配备或自制，无棱角 |
| 设施 | 幼儿餐椅 | 座面高25 cm | 若干 | 根据需要配备或自制，无棱角 |
| 设施 | 操作台 | 120×50×80（cm） | 若干 | 根据需要配备或自制，高度易可调节，无棱角 |

**社会体验室材料配置**

| 类别 | 玩具材料 | 规格型号功能 | 数量 | 备注 |
|---|---|---|---|---|
| 娃娃家 | 娃娃 | | 2个 | 根据需要配备或自制 |
| 娃娃家 | 小床、枕头、被子 | 适合幼儿操作 | 2套 | 根据需要配备或自制 |
| 娃娃家 | 小餐桌、椅、配套的碗、勺等餐饮用具 | 餐桌：60×50（cm） | 1套 | 根据需要配备或自制 |
| 娃娃家 | 水果、点心等食品模型；饮料、小食品盒子 | 适合幼儿使用 | 1套 | 根据需要配备或自制 |

续表

| 类别 | 玩具材料 | 规格型号功能 | 数量 | 备注 |
|---|---|---|---|---|
| 娃娃家 | 模拟的小炉台、配套的锅、铲等炊具、操作台 | 适合幼儿使用 | 1套 | 根据需要配备或自制 |
| | 小衣柜、配套的不同角色的小衣服、鞋帽等衣物 | 适合幼儿穿戴 | 1套 | 需有分类标识图 |
| | 模拟小家用电器、电话、各类小玩具等 | 适合幼儿使用 | 1套 | 根据需要配备或自制 |
| | 模拟小撮子、小笤帚、小水盆等洗涤清洁用具 | 适合幼儿使用 | 1套 | 根据需要配备或自制 |
| 超市 | 购物筐(车) | 适合幼儿使用 | 2个 | |
| | 食品：水果、蔬菜、点心等模型；饮料、各种食品等包装盒和包装袋等 | 适合幼儿使用 | 若干 | 根据需要配备或自制 |
| | 玩具：小汽车、娃娃、球、毛绒玩偶等玩具等 | 真实玩具 | 若干 | 正规厂家生产，材质达到环保要求 |
| | 服装：各种儿童服装、鞋帽、饰品等 | 实物或自制的模拟服装 | 若干 | 各种质地、不同季节 |
| | 生活用品：洗漱用具、清洁用具、餐具、炊具的包装盒(袋)等 | 实物包装盒 | 若干 | |
| | 学习用品：各种笔、本、书包、文具盒等 | 实物 | 若干 | 根据需要配备或自制 |
| | 收款机模型、购物袋、钱币代用券等物品 | 自制或模拟玩具 | | |
| 银行 | 小计算器、验钞机模型、电脑模型、装钱袋等用具 | 自制或模拟玩具 | 1套 | 根据需要配备或自制 |
| | 银行职员服装、名签等服饰 | 适合幼儿使用 | 若干 | |
| | 各种面值的人民币代用券等钱币 | 自制或实物代金券 | 若干 | |

续表

| 类别 | 玩具材料 | 规格型号功能 | 数量 | 备注 |
|---|---|---|---|---|
| 医院 | 医生、护士衣帽、名签等服饰、药箱 | 适合幼儿穿戴、使用 | 若干 | 根据需要配备或自制 |
| | 玩具式的血压计、针管、听诊器、点滴药瓶、药包和药瓶、药棉、绷带等医疗器具 | 模拟玩具或实物 | 若干 | 根据需要配备或自制 |
| | 笔、纸、本等记录材料 | | 若干 | |
| 理发店 | 洗发液、护发素、烫发水等包装瓶、盒,毛巾等洗发、烫发用品包装盒 | 实物包装盒 | 若干 | 废旧瓶子要清洁干净 |
| | 剪子、梳子、吹风机、卷发器、头发、皮套、头夹、烫发罩模型等理发用具 | 模拟玩具 | 1套 | 根据需要配备或自制,无棱角 |
| | 理发师的服饰、围裙、橡胶手套等服饰 | 适合幼儿穿戴 | 1套 | |
| | 镜子、各种发式图片等材料 | 适合幼儿使用 | 若干 | |
| 餐厅 | 碗、盘、勺、叉、刀、筷子等餐具 | 模拟玩具 | 若干 | |
| | 水果、菜肴、点心等各种食品模型;半成品食物;饮料、食品等包装盒和包装袋等 | 适合幼儿使用 | 若干 | |
| | 食品图标或汉字名称、价格标签、食物营养或合理配餐的宣传画、特色食物广告等标志 | 自制 | 若干 | |
| | 餐厅厨师、服务员的衣帽、标签等服饰 | 适合幼儿穿戴 | 1套 | |
| | 钱币代用券、用来记录点菜用的纸、笔 | 自制 | 若干 | |

## 五、图书阅读室

阅读是人们主要的学习方式,早期阅读可以帮助幼儿早一些打开认识世界的窗口,为他们今后的学习活动打下良好的基础。已有研究提出,2岁是口头语言发展的关键期、4—5岁是学习书面语言的关键期,若能抓住关键期及时的进行适当培养,就能收到事半功倍的效果。

幼儿的语言是在与环境的交互作用中发展起来的,图书阅读室的创设为幼儿提供了更加广阔的发展空间,培养了幼儿对阅读的兴趣和习惯,使之成为孩子一生取之不尽的财富。

### (一)图书阅读室的创设价值

良好的阅读环境能激发幼儿阅读的兴趣,并养成良好的阅读习惯,图书阅读室安静、温馨的环境恰恰为幼儿提供了适合阅读的场所。其中丰富的图书资源不仅可作为对班级图书种类和数量的补充,满足幼儿学习的需要;同时,也可为实施分组活动提供场所和活动内容。另外,图书阅读室中会根据幼儿年龄段分区域提供不同层次的读物,幼儿可以根据需要进行选择。活动室中还有能同时容纳许多幼儿活动的空间,可以进行"大带小"的活动,年龄大的幼儿会有机会把自己学过的有关阅读的知识和技能传授给较小幼儿,增强成就感;较小幼儿会模仿年长幼儿向他们学习相关的阅读技能,减少学习过程的压力,增强阅读的兴趣,增强自信心。在阅读室中,充分利用了周围环境为幼儿的语言发展创造机会和条件,如图5-15。

图5-15

## （二）图书阅读室的创设条件

### 1. 采光自然

对于阅读环境的创设，创设者要有保障幼儿视力卫生的观念，这就要求创设者提供适宜幼儿的桌椅，注意采光自然以及指导幼儿掌握正确的阅读姿势等。

### 2. 丰富的辅助材料

图书阅读室应具备丰富的辅助材料，以增强它的吸引力。幼儿的阅读需要有一定的阅读气氛，辅助材料大致有以下三种：

① 柔软材料，如地毯、靠垫、坐垫、泡棉、布套、软枕、小沙发、布偶、柔软玩具等，这些材料能给幼儿舒适的感受，使他们较快地进入平静的心情状态。

② 操作材料，如纸、笔、剪刀、卡片、磁带、随身听等，这些材料能培养幼儿记录和表达表述。

③ 存放材料，如小书柜、书架、图书插袋等，这些材料为幼儿的阅读活动提供了便捷。

### 3. 图书数量丰富、种类齐全

图书"数量丰富、种类齐全"是对图书阅读室的基本设想，期待着它就像一个小小的图书馆。图书种类就内容分类，可分为故事类、儿歌类、杂志画报、知识类等；根据来源分类，可分为幼儿园配备图书、幼儿自带图书和自制图书等；根据适宜性分类，则能分为小班图书、中班图书、大班图书等。在环境创设中，要进行科学有序的设置和布局，以便幼儿能较快地找到自己喜欢的图书。

 **4. 定时更换**

图书的主题应该是多元化的，因为单一的主题无法满足幼儿个性化的需要。如果有大量的图书，应该一次只陈列一部分，然后定期更换，如图 5-16，适宜的时间是两三个星期更换一次，不超过一个月为宜。

图 5-16

 **5. 幼儿参与**

幼儿参与创设的环境是幼儿希望的、熟悉的，虽然图书室里不仅仅是一个班级的参与，但是能够找到自己参与的痕迹也更能调动其阅读的兴趣。幼儿参与创设主要方式有：自制图书，绘画作品集、家庭作业集、我的成长记录等；图书维护与修补等等，如图 5-17 所示。

图 5-17

## （三）让幼儿体验自主阅读的快乐

"书籍是人类知识的宝库"。对幼儿来说，书籍更是学习语言的重要载体。应根据幼儿的年龄特点和认识水平，有的放矢地为幼儿提供具体的、形象的、生动的阅读内容。一些图文并茂、色彩鲜明、生动有趣的故事图片，意义突出且有一定规律可循的文字，都可以帮助幼儿了解有关书面语言的初步知识。下面介绍一下图书阅读室的区域划分及其功能：

### 1. 自主阅读区

真正体验到自主选择、自主阅读的乐趣，充分的发挥幼儿的自主性，根据需要自由的选择所要阅读的书籍。

（1）区域设置

① 无棱角、适合幼儿取放的书架若干，按年龄段进行区域划分，并设立标志，让幼儿更好的根据自己的需要来自主选择图书。

② 地毯、地垫、软垫或大的毛绒玩具若干，以供幼儿坐下阅读。

③ "借阅卡"，可利用幼儿熟悉、喜爱的图片做标志，培养幼儿取放图书的好习惯。

④ 设立"新书推荐"专栏，按年龄组每周推荐一本新书或好书供幼儿参考。

（2）活动内容

幼儿自主选择图书进行阅读。

（3）指导要点

① 第一次进入阅读室的幼儿要先认识各年龄段标志，并记住与自己相关的标志，认识"借阅卡"，并掌握其使用方法。

② 幼儿可自由选择图书进行阅读，教师不要过多干预，提醒幼儿要爱

护图书，并养成良好的阅读习惯。

③ 提醒幼儿要安静阅读，不要随意走动影响他人。

分享阅读是指在轻松、愉快的亲密气氛中，成人和儿童共同阅读一本书的活动，帮助幼儿逐渐学会独立阅读的过程。分享阅读与其他阅读方式区别在于：目的清晰，旨在激发幼儿的阅读兴趣、培养良好阅读习惯、掌握良好阅读技巧；注重轻松、愉快亲密气氛的创设，享受亲情的过程中体验到阅读的快乐；强调从共同阅读到独立阅读的过程，真正体现家园的教育互动性和师生的教育互动性。

（1）区域设置

① 无棱角、适合幼儿取放的书架若干，按图书种类分类摆放的各种图书。

② 较大的空间，摆放地毯、地垫、软垫或大的毛绒玩具，以供幼儿与家长坐下阅读。

（2）活动内容

① 亲子阅读：为家长和幼儿提供共同阅读的机会和场地，体现家园的教育互动性，如图5-18。

② 师生阅读：教师与幼儿共同阅读一本书，体现师生的教育互动性。

③ "以大带小"分享阅读：较大幼儿与较小幼儿结对，较大幼儿用自己的已有经验帮助较小幼儿进行正确的阅读，如图5-19。

（3）指导要点

① 请家长在进行活动前阅读"图书阅读室"的注意事项及要求，并在阅读过程中提醒家长遵守。

图 5-18　　　　　　　　　　　图 5-19

⭐② 师生共同阅读时，教师最好选择一本大书进行共同阅读，这样保证每一个参与活动的幼儿都能够看书阅读。

⭐③ "以大带小"阅读图书时，请较大的幼儿选择图书与较小的幼儿共同阅读，有利于树立较大幼儿的阅读自信心，也有利于较小幼儿学习到正确的阅读方法。

### 3. 自编图书区

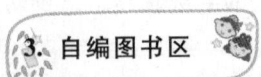

自制的早期阅读材料不仅让幼儿的美术技能得到锻炼，还开拓了幼儿的想象力和思维。一幅幅幼儿画的图、配上简单的文字记录装订成册就是一本图文并茂的早期阅读材料了，在书架上都能看到这样的图书，孩子们对这些自制图书格外感兴趣，同时也增强了他们对于阅读的兴趣（图 5-20）。

（1）区域设置

⭐① 阅读桌、椅子若干。

⭐② 废旧图书或书刊、不同规格的画纸。

⭐③ 彩色笔、铅笔、固体胶、双面胶、打孔器、订书器、儿童剪刀、线绳。

（2）活动内容

(a)　　　　　　　　　　　　(b)

图 5－20

幼儿自主选择材料进行创编绘画，并制作小图书。

(3) 指导要点

指导幼儿正确地使用各种工具及材料，教师只有在幼儿需要的时候才能给予一定的支持和帮助。

总之，利用好图书阅读室，既可激发幼儿阅读的兴趣，又可有效地发展幼儿的语言表达能力。教师应善于从活动中挖掘出幼儿喜欢的、有具体意义的、形象的、生动的、有新意的阅读材料，引导幼儿观察感受书面语言，潜移默化地接受有关书面语言的知识，掌握阅读的技巧。

## （四）图书阅读室配备参考

**图书阅读室设施配备**

| 类别 | 名称 | 规格、型号、功能 | 数量 | 备　注 |
| --- | --- | --- | --- | --- |
| 图书放置类 | 书架、书橱 | 无棱角，适宜幼儿取放 | 若干 | 根据需要配备或自制。有分类摆放标识图 |
| | 期刊架 | 无棱角，适宜幼儿取放 | 若干 | 有最新图书推荐标识图 |
| | 书立 | 无棱角 | 若干 | 根据需要配备 |

续表

| 类别 | 名称 | 规格、型号、功能 | 数量 | 备 注 |
|---|---|---|---|---|
| 阅览桌椅类 | 幼儿阅读桌 | 120×60×50（cm） | 3张以上 | 根据需要配备，无棱角 |
| | 小书架 | | 2个 | 可放置大图书进行自主阅读或用于小组集体阅读 |
| | 儿童椅 | 30×30（cm） | 15把以上 | 根据需要配备，无棱角 |
| | 软垫或可坐的大毛绒玩具 | 40×40（cm） | 若干 | 根据需要配备 |
| | 地毯或地垫 | 根据实地测量 | 若干 | 材质环保，无毒无味 |
| 电子阅读类 | 电脑 | | 1~2台 | 电脑外壳无棱角，没有裸露的接口，屏幕保护儿童视力 |
| | 小音箱 | | 2个 | |
| | 耳麦 | 国家检验标志 | 3副 | |
| | 随身听 | | 3个 | 可在图书室一角设置隔音的视听阅读区 |
| | DVD | | 1台 | |
| | 电视 | | 1台 | |

**图书阅读室材料配备**

| 类 别 | 名 称 | 规格、型号、功能 | 数 量 | 备 注 |
|---|---|---|---|---|
| 科学类 | 动植物类、交通工具类、自然现象类、人体健康类、地球与环保类、现代科技类等 | 纸质不反光，每页以图画为主，字号不小于0.7～0.8 cm，图书开本便于幼儿持书阅读 | 每种10～20本 | 可有一定比例的自制图书。0～3岁婴幼儿可提供小布书、图卡图书、无字图书等。图书构成合理，兼顾趣味性，科学性，启迪性 |
| 益智类 | 智能训练、数学启蒙等 | | 20本以上 | |
| 文学类 | 故事、儿歌、散文、谜语、前读写等 | | 30本以上 | |
| 社会类 | 社会认知类、人际交往类、行为习惯类、个性培养类、社会规则类等 | | 每种5～10本以上 | |
| 艺术类 | 音乐、美术等 | | 10本以上 | |
| 其他 | | | 若干 | |
| 杂志 | 婴儿画报、幼儿画报等 | | 各10本以上 | 定期更新 |
| | 旧报纸、旧杂志 | | 若干 | 用于自制或修补图书 |
| 音像图书 | 磁带、光盘等 | 国家产品标准 | 若干 | 可建立自己录制的故事、儿歌磁带、光盘等电子图书资源库 |
| 工具、材料 | 固体胶或透明胶、双面胶 | 国家产品标准 | 若干 | 根据需要配备，不同工具选择固定的装置收纳，并配上标识 |
| | 订书器、打孔器 | | | |
| | 线绳 | | | |
| | 夹子、曲别针 | | | |
| | 彩色笔、铅笔 | | | |
| | 不同开本的纸 | | | |
| | 易可贴 | | | |
| | 儿童剪刀 | | | |

# 六、建构游戏室

建构游戏融操作性、艺术性、创造性于一体，不仅发展幼儿的动手能力和建构技能，更重要的是能使幼儿在协商、谦让、交换的游戏氛围中，学会分享与合作、尝试开拓与创新、体验成功与挫折，从而实现合作交往能力的提高以及幼儿个性的和谐全面发展。

建构游戏室的创设，可以实现幼儿专门进行搭建游戏活动的需求和愿望，满足幼儿体验自己与同伴共同搭建的快乐感、成功感！以独具的魅力深受不同年龄段幼儿的青睐。

## （一）建构游戏室的创设价值

适宜的环境可以满足幼儿搭建的愿望，建构游戏室应根据不同的建构材料和建构主题分割成大小不同的区域。要留有较大空间便于儿童建构大型主题或能同时容纳许多幼儿进行"大带小"的活动，体验合作搭建的快乐和成就感。建构游戏室提供的结构材料应区别于班级建构区里的中小型材料，不仅要提供中大型的，而且在种类、质地和数量上要作为班级建构材料的补充，满足不同年龄段幼儿搭建活动的需求。提供的结构材料除了不同种类、质地的积木、积塑类，还应该让生活中随处可得的废旧物品成为建构游戏材料的新宠，幼儿可以根据搭建需要进行选择，并进行再创造，激发幼儿创造美的情趣。在建构游戏室中，还可以充分利用分类摆放结构材料的柜、箱或筐，为幼儿自理能力的提高和为他人服务的意识养成创造机会和条件，如图5-21。

图5-21

## （二）建构游戏室的基本设施

1. 各种购买或自制的可放置各种类型、大小不同建构材料的玩具柜、整理箱、材料筐，还有作品展示台、专用桌椅。

2. 各种购买的材质、大小、种类不同的积木类、积塑类、模型玩具、连接材料、工具、建构文图；收集的各种板材类原材料和可再创造的废旧材料。

3. 不同建构区域标志图和文字及地面路线指示标、不同种类建构材料的标志图。

4. 根据不同建构区域地面铺设的地毯、塑质地板块，上面可提供可供幼儿休息的软靠垫。

5. 创设能与幼儿互动的，有着清晰脉络、起到引领和记录作用的主题墙。

## （三）创设多层次的建构游戏空间

根据建构游戏室的环境大小、材料内容以及幼儿的年龄特点，结合活动目标进行区域划分，做到合理布局。可分为大型建构区、小型建构区、自然物建构区、废旧材料自选制作区等。

（1）大型建构区

主要提供中大型空心实木、泡沫积木、积塑玩具、板材类原材料、大型建构材料的建构文图、废旧物品易拉罐等；各种辅助材料如人物、动物、植物、食品、车辆、房屋、花坛、树木、路等模型类玩具；地面铺设地板（木制、造革）、地毯、EVA地板块等；墙饰如与主题相关的图片、照片、活动记录等。

（2）小型建构区

主要提供小型实木积木、积塑玩具如插接类、镶嵌类、轨接类、扣接类、齿轮类、组装类（含工具）、绳、线、纸编织等；辅助材料如小型动物、植物、人物、车辆、房屋等；作品展示台、搭建图例、专用桌椅（如图5－22）。

图5－22

（3）自然物建构区

主要提供沙坑（沙池、沙箱、沙盘）、沙土、沙土工具（工具、模具）、如动物、植物、人物、车辆、房屋等模型类玩具、瓶、罐、碗、盒、脸盆、毛巾等。

（4）废旧材料自选制作区

主要提供各种可利用并能够帮助完成建构游戏活动的废旧材料、各种连接材料（如线等）；各种制作工具如剪刀等；整理箱、工作台、垃圾桶等物品。

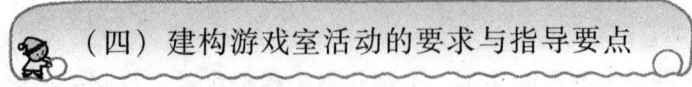

（四）建构游戏室活动的要求与指导要点

1. 活动要求

创造条件和机会引导幼儿观察他们日常生活中经常接触或不常接触

但又很感兴趣的物品,进一步引导幼儿观察物体的形状、结构、色彩,由近及远、由局部到整体,培养幼儿细致观察周围事物的习惯,储备一定的认知经验,为下一步建构活动打下坚实基础。

② 要善于利用家长资源,请他们帮忙收集生活中可利用的各种废旧材料,并引导幼儿对原材料进行加工,把这些材料变成需要建构的具体事物,再根据主题进行创造性的建构活动。既充实了游戏内容,又发展了幼儿的想象力、创造力。

③ 引导幼儿在活动过程中通过逐步识别材料、观察范例、合作完成任务、师幼互动,由浅入深、循序渐进地学习掌握一定的建构技能,如:排列、组合、接插、镶嵌、拼搭、垒高、穿套、编织、黏合等,将自己对生活的观察创造性再现出来,如图5-23。

图 5-23

④ 引导幼儿通过自由想象,结合生活实际建构主题。在幼儿自主发现的主题建构活动中,幼儿会保持兴奋、积极地活动状态,并乐于参与建构游戏。

⑤ 引导幼儿在分工合作完成建构活动任务的过程中,学习一些交往的技巧,学会协商,培养幼儿的集体意识和在积极克服困难、坚持到底的良好心态。

⑥ 引导幼儿分类、有序摆放区域中的各种材料,在相应的位置配上明确的

标志，帮助幼儿养成爱惜物品的活动习惯，便于幼儿使用完后按图片物归原处。

7 建构游戏室要有一些教师和幼儿共同制定的、既具体明确又易于达成的使用物品的规则。

**2. 指导要点**

1 引导幼儿制定一些区域的规则，除一些基本规则外，还应针对游戏中偶发的问题临时制定一些规则。

2 当幼儿在结伴共同建构出现不同意见时，教师要仔细观察，及时进行疏导，帮助幼儿学会协商、学会合作。对于在建构过程中遇到困难的幼儿，教师要及时给予关心引导，增强其克服困难的信心。

3 在建构过程中，教师要通过巡回观察来了解幼儿的游戏状况、准确判断幼儿的游戏水平和需要，找准时机、自然介入、适时点拨。

4 活动结束前，教师要引导幼儿欣赏并评价大家建构的成果和作品，在看一看、说一说的过程中满足幼儿表现得欲望；促进幼儿互相学习、取长补短；分享成功的喜悦、体验合作的快乐。

5 可提供不同年龄幼儿一起玩的机会和条件，让幼儿体验"大带小"游戏的乐趣，观察、指导较大幼儿学习照顾、帮助小弟弟、小妹妹，培养幼儿的自信心和责任感。

## （五）建构游戏室配备参考

**建构游戏室设施配备**

| 类别 | 名 称 | 规格、型号、功能 | 数量 | 备 注 |
|---|---|---|---|---|
| 积木放置类 | 积木架 | 120×40×80(cm) | 3个 | 需有明确的分类标识 |
| | 材料架 | 120×40×80(cm) | 3个 | |
| | 材料筐 | 不同大小 | 若干 | 需有明确的分类标识 |

续表

| 类别 | 名称 | 规格、型号、功能 | 数量 | 备注 |
|---|---|---|---|---|
| 地毯类 | 大地毯 | 不小于 $10 \times 10$ (m) | 2个 | 留有较大空间,便于幼儿合作建构大型主题 |
| | 中地毯 | 不小于 $5 \times 5$ (m) | 2个 | |
| | 小卷毯 | 不小于 $50 \times 30$ (cm) | 10个 | |
| 桌椅类 | 幼儿桌 | $120 \times 60 \times 50$ (cm) | 3个 | 无棱角 |
| | 幼儿椅 | 座面高 25 cm | 若干 | 根据需要配置 |
| 图示、作品展示类 | 图书架 | $120 \times 30 \times 80$ (cm) | 若干 | 放置操作图示的图书、图片等 |
| | 粘贴板 | 不小于 $100 \times 80$ (cm) | 3个 | |
| | 展示台(架) | $150 \times 60 \times 120$ (cm) | 若干 | 展示作品,根据需要配备或自制,无棱角 |

**建构游戏室材料配备**

| 类别 | 名称 | 规格、型号、功能 | 数量 | 备注 |
|---|---|---|---|---|
| 中大型积木 | 彩色空心积木 | 适于幼儿操作,每套积木应包括正方体、长方体等不同形体的积木 | 2套 | 无毒无味,环保产品 |
| | 泡沫积木 | | 2套 | |
| 小型积木 | 原木实心积木 | | 2套 | |
| 板材类 | 小木板 | | 若干 | 有一定厚度,起到一定承重作用 |
| | 塑料板 | | 若干 | |
| | 硬纸板 | | 若干 | |
| 积塑类 | 组装积塑 | 国家玩具安全标注 | 2套 | 无毒无味,环保产品 |
| | 插接积塑 | | 2套 | |
| | 镶嵌积塑 | | 2套 | |
| | 磁接积塑 | | 2套 | |
| | 扣接积塑 | | 若干 | |

续表

| 类别 | 名称 | 规格、型号、功能 | 数量 | 备注 |
|---|---|---|---|---|
| 辅助材料类 | 人物模型 | 辅助材料大小应与积木大小相配套 | 若干 | 根据需要配备或自制 |
| | 动物模型 | | 若干 | |
| | 植物模型 | | 若干 | |
| | 交通工具模型 | | 若干 | |
| | 社会场景标志 | | 若干 | |
| 废旧材料类 | 纸盒 | 大、中、小 | 若干 | 质地厚实，有一定承重能力 |
| | 瓶、桶、罐等 | 形状、高矮、粗细不同 | 若干 | 材质厚实、不易破碎 |
| 环境氛围创设类 | 建构操作图例 | 放置高度与幼儿身高相当 | 若干 | 以图画、符号、照片的方式设计图标、图例 |
| | 规则提示图标 | | 若干 | |
| | 海报 | | 若干 | 可根据建构内容选择图片或图书等资料 |
| | 照片 | | 若干 | |
| | 相关书籍、主题建构图片 | | 若干 | |

### ❓ 问题与思考

1. 结合学习，谈谈幼儿园专项工作室有哪些独特的作用。
2. 请结合学习与实践，写一篇关于活动区课程开设经验的文章。

## 郑重声明

高等教育出版社依法对本书享有专有出版权。任何未经许可的复制、销售行为均违反《中华人民共和国著作权法》，其行为人将承担相应的民事责任和行政责任；构成犯罪的，将被依法追究刑事责任。为了维护市场秩序，保护读者的合法权益，避免读者误用盗版书造成不良后果，我社将配合行政执法部门和司法机关对违法犯罪的单位和个人进行严厉打击。社会各界人士如发现上述侵权行为，希望及时举报，本社将奖励举报有功人员。

反盗版举报电话　（010）58581897　58582371　58581879
反盗版举报传真　（010）82086060
反盗版举报邮箱　dd@hep.com.cn
通信地址　北京市西城区德外大街4号　高等教育出版社法务部
邮政编码　100120